역사는 지나치게 자세히 설명하면 지루하고 딱딱할 수 있고, 그렇다고 재미 위주로만

풀어가다 보면 역사의 본질을 놓칠 수 있지요. 그런데 이 책은 재미와 역사의 본질, 두

마리 토끼를 다 잡은 것 같아요.

— 김현애 서울영림초등학교 교사

단순한 역사적 사실 암기가 아닌 원리와 근본을 이해할 수 있습니다.

— 박성현 상일초등학교 교사

《용선생의 시끌벅적 한국사》를 사회 교과서와 함께 갖고 다니라고 얘기하고

싶습니다. 가장 빠르고 꼼꼼하게 역사 공부를 시작할 수 있는 입문서라고 생각합니다.

— 이종호 순천도사초등학교 교사

아이들이 힘들어하는 역사가 암기 과목이라는 생각에서 벗어나 '왜?'라는

질문만으로도 충분히 멋진 수업이 가능하다는 점을 보여 주고 있습니다.

초등학생뿐 아니라 중학생들에게도 좋은 책입니다.

— 정의진 여수여자중학교 교사

이 책은 시간, 공간, 인간을 모두 다루면서도 전혀 어렵거나 지루하지 않습니다.

내가 주인공들과 함께 역사 여행을 하는 것 같습니다. 이 책을 읽은 6학년 여학생은

"작년에 교과서에서 배웠던 것이 이제야 이해가 돼요"라고 하더군요.

— 황승길 안성초등학교 교사

✔ 읽기 전에 알아두기

❶ 이 책은 2016년 《용선생의 시끌벅적 한국사(전면 개정판)》을 증보·개정하여 출간하였습니다.

❷ 보물, 국보, 사적은 문화재보호법 시행령[대통령령 제32111호]에 의거하여 지정번호를 삭제하여 표기하였음을 알려드립니다.

❸ **저자 현장 강의 전면 개정판**에서는 책 속의 QR코드를 통해 영상을 보실 수 있습니다. QR코드를 스캔하여 회원 가입 및 로그인 진행 후 도서 구매 시 제공된 쿠폰의 시리얼 넘버를 등록해 주세요.

▶ 영상 재생 방법

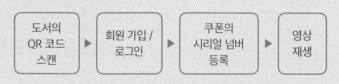

▲ 용선생 현장 강의
영상 재생 방법

- 회원 가입 후에는 로그인을 위해 다시 한번 QR코드를 스캔해 주세요.
- 시리얼 넘버는 최초 한 번만 등록하면 됩니다. 등록된 시리얼 넘버는 변경하거나 양도할 수 없습니다.
- 로그인이 되어 있으면 바로 영상이 재생됩니다.
- '참고 영상'은 링크 영상으로 시리얼 넘버 인증 없이 바로 시청 가능합니다.
- '용선생 현장 강의' 영상은 **용선생 클래스**(yongclass.com) 홈페이지를 통해 PC로도 시청하실 수 있습니다.
- **저자 현장 강의 전면 개정판**을 구매하지 않은 독자님은 용선생 클래스 홈페이지에서 결제 후 '용선생 현장 강의' 전체 영상을 보실 수 있습니다.

용선생의 시끌벅적 한국사

글 금현진

서울대학교 국어교육과를 졸업하고 월간 《우리교육》에서 기자로 일하였고, 엄마가 된 후 어린이 책 작가가 되었습니다. 이 책을 쓰기 시작하면서 어떻게 하면 역사를 어려워하는 우리 아이들에게 역사를 올바르고 재미있게 알려 줄 수 있을까 계속 고민했습니다. 이를 위해 여러 책과 논문들을 읽고, 우리 역사를 생생하게 담아내기 위해 역사의 현장을 직접 돌아보기도 했습니다. 역사 공부에 첫발을 내딛는 어린이도 혼자 읽고 이해할 수 있는 책을 만드는 데 공을 들였습니다.

글 김진

연세대학교에서 한국사를 전공하고 같은 학교 대학원에서 근대사를 공부했습니다. 학교에서 벗어나 전공을 살리는 길을 찾아 헤매던 중에 어린이 역사책을 만드는 기회를 얻었습니다. 역사 공부에 첫발을 내민 어린 친구들에게 길잡이가 되고 싶습니다.

그림 이우일

홍익대학교에서 시각디자인을 공부한 만화가입니다. '노빈손' 시리즈의 모든 일러스트레이션을 그렸으며 지은 책으로는 《우일우화》, 《옥수수빵파랑》, 《좋은 여행》, 《고양이 카프카의 고백》 등이 있습니다. 그림책 작가인 아내 선현경, 딸 은서, 고양이 카프카, 비비와 함께 그림을 그리고 글을 쓰며 살고 있습니다.

정보글 정진숙

서울대학교 대학원 국사학과에서 석사·박사 학위를 받았습니다. 서울대학교 등에서 강의를 진행하였고, 현재 서울대학교 규장각한국학연구원의 학예연구사로 근무하고 있습니다. 주요 논문으로 〈20세기 초 한국인 설립 사립학교 연구 : 설립주체와 재정을 중심으로〉 등 다수가 있습니다.

지도 박소영

홍익대학교 시각디자인과를 졸업한 후 어린이 교육용 소프트웨어 개발 일을 하며 틈틈이 만화를 그리던 것이 일러스트레이션 일을 시작하는 계기가 되었습니다. 쉽고 재밌는 그림으로 이야기를 풀어 나가려 노력하고 있습니다.

지도 조고은

애니메이션과 만화를 전공했으며 틈틈이 그림과 만화를 그리는, 계속해서 공부하고 배우는 중인 창작인입니다.

기획 세계로

1991년부터 역사 전공자들이 모여 함께 고민하고 연구하며 한국사와 세계사를 가르치고 있습니다. 역사를 주제로 한 책을 읽어 배경지식을 쌓고 이에 대해 자신의 생각을 이야기하는 '독서 토론 프로그램', 우리나라와 세계 여러 나라의 역사, 문화 현장을 답사하며 공부하는 '투어 캠프 프로그램'을 운영하고 있습니다. 지은 책으로는 《이선비, 한옥을 짓다》 등 역사 동화 '이선비' 시리즈가 있습니다.

검토 및 추천 전국초등사회교과모임

전국 초등학교 선생님들이 모여 활동하는 교과 연구 모임입니다. 역사, 사회, 경제 수업을 연구하고, 학습 자료를 개발하며, 아이들과 박물관 체험 활동을 해 왔습니다. 현재는 초등 교과 과정 및 교과서를 검토하고, 이를 재구성하는 작업을 통해 행복한 수업을 만드는 대안 교과서를 개발하는 데 힘쓰고 있습니다.

자문 및 감수 이상찬

서울대학교 국사학과를 졸업하고 같은 학교 대학원에서 석사·박사 학위를 받았습니다. 서울대학교 국사학과 교수와 규장각한국학연구원 겸무교수, 규장각 한국학연구원 원장을 역임하였습니다.

문화재 자문 오영인

서울대학교 대학원 고고미술사학과에서 도자사학 전공으로 석사·박사 학위를 받았습니다. 서울대학교에서 강의를 진행하고, 문화재청 문화재감정위원으로 근무했습니다. 현재 사회평론 역사연구소 연구원으로 역사책을 만들고 있습니다.

8

근대화를 향한

첫걸음을 내딛다

글
금현진 김진

그림
이우일

기획
세계로

검토 및 추천
전국초등사회교과모임

자문 및 감수
이상찬

사회평론

여러분! 시끌벅적한 용선생의 한국사 교실에 오신 것을 환영합니다.

먼저 기억에 관한 어느 실험 이야기를 소개할까 해요. 기억 상실증에 걸린 환자들과 평범한 사람들이 똑같은 질문을 받았대요. "당신은 지금 바닷가에 서 있습니다. 앞에 펼쳐져 있는 모습을 상상해 보세요. 자, 뭐가 보이나요?" 질문을 받은 평범한 사람들은 하얗게 부서지는 파도며 노을 지는 해변, 물장구치는 아이들, 또는 다정한 연인의 모습을 떠올리고는 그로부터 여러 가지 상상을 풀어 놓았답니다. 그런데 기억을 잃은 사람들의 대답은 아주 간단했어요. 그들이 떠올릴 수 있는 것이라곤 그저 '파랗다'는 말뿐이었대요. 물론 기억 상실증에 걸린 사람들도 바다가 어떤 곳인지 모르지 않습니다. 파도나 노을, 물장구 같은 말들에 대해서도 알고 있고요. 그런데도 그들은 바닷가의 모습을 그려 내지는 못한 거지요. 이쯤 되면 기억이란 것이 과거보다는 현재나 미래를 위한 것이 아닌가 싶은 생각도 듭니다. 그래서 과학자들은 이 실험 이후 기억에 대해 새로운 해석을 내리게 되었대요. 기억은 단순히 과거의 일들을 기록해 두는 대뇌 활동이 아니라, 매순간 변하는 현재와 다가올 미래를 대비하기 위한 '경험의 질료'라고요.

재미난 이야기지요? 우리가 역사를 공부하는 이유에 대해서도 새삼 생각하게 하는 이야깁니다. 한 사람의 기억들이 쌓여 인생을 이룬다면, 한 사회의 기억들이 모여 역사가 됩니다. 무엇을 기억할지, 또 어떻게 기억할지에 따라 우리의 현재와 미래는 달라지겠지요. 그래서 이런 말도 있답니다. '역사에서 배우지 못하는 이들에게는 미래가 없다!'

책의 첫머리부터 너무 무거웠나요? 사실 이렇게 거창한 말을 옮기고는 있지만, 이 책의 저자들은 어디 역사가 뭔지 가르쳐 보겠노라 작정하고 책을 쓴 것이 아니랍니다. 오히려 그 반대였지요. 이 책을 쓰는 동안 우리는 처음 역사를 공부하던 십대 시절로

돌아갔어요. 시작은 이랬습니다. 페이지마다 수많은 인물과 사건들이 와장창 쏟아져
나오는 역사책에 대고 '그건 무슨 뜻이죠?', '대체 무슨 일이 있었던 건데요?' 하고
묻게 되는 거예요. 그것으로 끝이 아니었어요. 겨우 흐름을 잡았다 싶으면 이번엔
'정말이에요?', '왜 그랬을까요?', '그게 왜 중요한데요?' 하며 한층 대책 없는
물음들이 꼬리를 잇더군요. 그럴 때마다 우리를 도와준 것은 바로 이 책의 독자인
여러분이랍니다. 여러분도 분명 비슷한 어려움을 겪으며 무수한 물음표들을 떠올릴
거라고 생각하니, 어느 한 대목도 허투루 넘길 수가 없었어요.

　하여, 해가 바뀌기를 여섯 번! 짧지 않은 기간 동안 이 책의 저자와 편집자,
감수자들은 한마음으로 땀을 흘렸답니다. 우리는 무엇보다 과거에 일어난 일들을
최대한 있는 그대로 파악하려는 노력과 다양한 관점에 따라 풍부하게 해석해 내려는
노력을 동시에 기울이고자 했어요. 널리 알려진 역사적 지식이라도 사실과 다른
점은 없는지 다시 검토했고요. 또 역사책을 처음 읽는 학생들이라도 지루하지 않게
한국사 전체를 훑을 수 있도록 하기 위해 흥미진진한 구성, 그리고 쉽고 상세한
설명에 많은 공을 들였답니다. 한국사를 공부하는 일은 오늘 우리 자신의 모습을 뿌리
깊이 이해하는 일이자, 앞으로 써 갈 역사를 준비하는 과정이기도 해요. 그 주인공인
여러분을 초대합니다. 유쾌하고도 진지하고, 허술한 듯 빈틈이 없는 용선생의 한국사
교실로 들어오세요!

금현진

차례

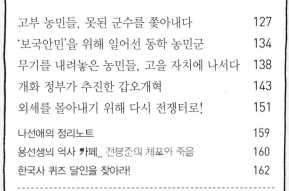

'용쓴다 용써'
용선생

허술하지만 열정만은 가득한
선생님. 하늘을 향해 거침없이
솟아나 있는 용머리와 지저분한
수염이 인간미(?)를 더해 준다.
교장 선생님의 갖은 핍박에도
불구하고, 생생한 역사 수업을
위해 물불을 가리지 않는다.

'장하다 장해'
장하다

'튼튼하게만 자라 다오.'라는
아버지의 소원대로
튼튼하게만 자랐다. 공부는
꽝이지만, 성격은 짱이어서
시험을 못 봐도 씩씩하고,
애들이 공부 못한다고 놀려도
씩씩하다.

'오늘도 나선다'
나선애

똑소리 나는 우등생.
공부도 잘하고 아는 게 많아서
잘 나선다. 차갑고 얄미워
보이지만, 사실 누구보다
따뜻한 마음을 가지고 있다.
티는 안 나지만.

'과감한 개혁가'
흥선 대원군

왕의 아버지인데 왕이 아닌
특이한 인물. 원래 족보로
보면 왕이 될 가능성이 낮은
왕족이었는데, 궁궐의 큰
어른인 조대비와 힘을 합쳐
자기의 어린 아들을 왕위에
앉혔다. 그 목적이 뭘까?

'이보다 파란만장할 순 없다'
고종

열두 살에 왕이 되어 10년 동안
아버지의 꼭두각시로 살았다.
이제 어른이 되었으니 직접
정치를 하려 하는데, 나라
안팎은 거센 변화의 물결에
휩싸이고 있다. 그는 이 '풍랑'을
잘 헤쳐 나갈 수 있을까?

'개화에 목숨 걸다'
김옥균

잘 나가는 '안동 김씨' 집안
출신이자, 과거에 장원 급제한
엘리트. 이렇게 탄탄대로를
걷던 그가 갑자기 정변을
일으켜 권력을 장악했다!
그 이유는 빨리 '개화'라는 걸
하기 위해서라는데⋯⋯?

'잘난 척 대장'
왕수재

이 세상에서 자기가 제일
잘난 줄 안다. 그래서
친구가 없는데도 담담하다.
'천재는 외로운 법이고,
질투의 대상인 법'이라나.
근데 사실 깐족거리는 데
천재적이다.

'엉뚱 낭만'
허영심

엉뚱 발랄한 매력을 가진
역사반의 분위기 메이커.
뛰어난 공감 능력으로
웃기도 울기도 잘한다.
반짝반짝 빛나는
역사 유물을 좋아한다.

'깍두기 소년'
곽두기

애교가 넘치는 역사반 막내.
나이도 가장 어리고, 타고난
동안이라서 언뜻 보기엔
유치원생 같다. 하지만 훈장
할아버지 덕분에 어려운
한자를 줄줄 꿰고 있는 한자
신동이기도 하다.

'사람이 곧 하늘'
전봉준

아이들에게 글을 가르치며
조용히 살던 양반. 그런데 요새
움직임이 수상쩍다. 농민들과
회의를 하고 글을 쓰는 모습이
종종 목격되는 것. 조선의
낡은 제도를 뜯어고치기
위해서라는데……?

'총을 든 평화주의자'
안중근

일본이 조선을 강제로
삼키려 할 때 학교를
세워 나라의 힘을 기르려
했다. 그러나 나라가 더욱
어려워지자 의병이 되었고,
동양의 평화를 위해
하얼빈에서 총을 든다.

'진정한 나라의 버팀목'
이름 없는 의병들

잘못된 정치를 바로잡기
위해, 호시탐탐 조선 땅을
노리는 외국 세력으로부터
나라를 지키기 위해 싸운
사람들. 목숨을 건 이들의
투쟁은 나라 밖에서
계속되었다.

백성들의 분노가 터져 나오다

19세기 조선에는 사회 곳곳의 변화를 담아낼 만한 새로운 틀이 필요했어.

그러나 안타깝게도 조선의 정치 상황은 이러한 사회 변화를 따라잡지 못했단다.

오히려 수십 년 동안 세도가들이 권력을 틀어쥐고 정치를 어지럽혔지.

그로 인해 백성들이 겪는 고통은 이루 말할 수가 없었어.

참다 못한 백성들은 여기저기서 약속이나 한 듯이 우르르 들고일어났어.

어떻게 된 사정인지 자세히 알아보자.

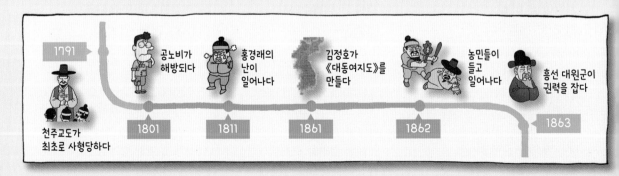

1791

천주교도가
최초로 사형당하다

공노비가
해방되다

1801

홍경래의
난이
일어나다

1811

김정호가
《대동여지도》를
만들다

1861

농민들이
들고
일어나다

1862

흥선 대원군이
권력을 잡다

1863

철종 어진(복원)

"어? 용선생님이 벌써 교실에 와 계신가 봐."

나선애의 말에 아이들이 걸음을 재촉하며 역사반 교실로 향했다.

"선생님. 안녕하세요~."

"잠깐만."

아이들이 인사를 하면서 들어왔는데도 용선생은 칠판에 쓰는 글을 멈추지 않았다.

'哀絶陽'

"선생님은 뭘 쓰고 계신거야? 두기야, 저게 무슨 글씨냐?"

장하다의 질문에 곽두기가 한자의 음과 훈을 달았다.

"슬플 애, 끊을 절, 볕 양! 그러니까 햇볕을 끊어서 슬프다? 선생님 이게 무슨 말이에요?"

"여기서 양(陽)자는 남자의 생식기를 말하는 거야. 애절양은 정약용이 쓴 시로 오늘 수업할 시기의 상황을 냉백하게 보여 주고 있어."

"아니……, 오늘 배울 시기가 언제기에 그때…… 어디를 어떻게 했다고요?"

왕수재가 충격에 말을 더듬거리며 질문을 하였다. 다른 아이들도 여전히 놀란 표정으로 용선생을 바라보았다.

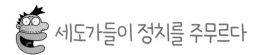 세도가들이 정치를 주무르다

"자, 먼저 이 시기가 얼마나 복잡했는지부터 짚어 보자. 조선 후기에는 농업에서부터 생산력이 발전하고, 상업이며 수공업도 크게 성장했다고 했지? 농작물을 팔아 돈을 꽤 벌게 된 농민들이 있는가 하면 장사를 해서 큰 부자가 된 상인들도 많이 생겨났지. 반대로 당장 먹고살 길이 막막해 손에 흙을 묻히기 시작한 양반들도 늘었고. 이런 변화는 자연스럽게 신분 제도를 뒤흔들어 놓았고, 그에 따라 사람들의 생각도 바뀌어 갔어."

"말뚝이랑 춘향이처럼 말이죠?"

곽두기가 지난 시간에 배운 내용을 떠올렸다.

"응! 이전보다 지위가 높아진 중인들이며 부자 상인과 농민들뿐만 아니라 여전히 가난에 시달리는 이들조차 양반이며 땅 주인에게 평생 굽실거리며 사는 것을 당연한 일로 받아들이지 않게 된 거였지. 이제 조선은 예전의 질서에서 벗어나 한층 평등한 사회로 나아가야만 했어."

왕수재가 자못 감격스럽다는 듯 "새 시대가 열리는 소리가 들리는구나!" 했다.

"그런데 말이야. 경제며 사회, 문화의 흐름은 새로운 시대를 향해 달려가고 있었던 데 비해, 조선의 정치 상황만은 그렇지가 못했어. 1800년 정조가 갑작스레 죽음을 맞고, 그의 아들 순조가 뒤를 이었지. 그런데 순조는 어렸기 때문에 왕실의 제일 큰 어른이었던 정순 왕후가 수렴청정을 하게 됐어.

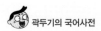

정순 왕후가 나랏일을 맡자 조정은 자연히 정순 왕후 집안의 사람들로 채워졌고, 정조가 추진하던 정책들은 대부분 없던 일이 되어 버렸어. 하지만 3년쯤 뒤에 정순 왕후는 수렴청정을 거두었고, 또 얼마 지나지 않아 세상을 떠났지. 순조는 아직 열여섯 살이었지만 왕권을 강하게 세우려고 노력했어. 이때 순조를 도운 것은 그의 장인인 김조순이었어. 사실 김조순은 일찍이 정조가 죽기 전에 어린 세자를 지켜 달라고 당부했던 인물이었어. 정조는 자신이 죽고 나면 한층 치열해질 신하들의 권력 싸움 속에서 순조를 지켜 줄 만한 사람은 김조순이라고 생각했고, 그래서 그의 딸을 순조의 왕비로 삼으려 했던 거야. 그런데 김조순의 영향력이 커지면서 또 다른 문제가 생기게 됐어. 바로 세도 정치가 나타나게 된 거야."

곽두기의 국어사전

세도 정치
원래는 세상의
이치인 세도(世道)에
따라 정치를 한다는
뜻이야. 하지만
이 당시의 정치는
권세를 위해 이루어
졌다고 해서 한자
표기도 '세도(勢道)'로
바뀌었어.

"세도 정치가 뭔데요? 그 뭐냐, 붕당 정치처럼 신하들끼리 편이 나눠진 건가요?"

장하다의 말에 용선생이 고개를 크게 저었다.

"붕당 정치하곤 완전히 달라. 세도 정치에는 감시나 비판, 힘의 균형 같은 것이 전혀 없었으니까. 몇몇 집안에서 권력을 독차지하고 자기네 집안의 이익을 앞세워 정치를 해 나갔던 것, 그게 세도 정치야. 김조순이 속했던 안동 김씨 집안이 대표적인 세도가였고, 풍양 조씨가 그 뒤를 잇는 집안이었지. 힘을 갖게 된 김조순은 자기 집안 사람들을 하나둘 끌어들여 조정의 높은 자리에 앉혔고, 얼마 뒤에는 나라 안의 중요한 관직이 온통 안동 김씨들의 차지가 되었어. 결국 순조는 왕위에 머무는 내내 안동 김씨들에게 휘둘리는 처지가 되고 말았지."

"그럼 풍양 조씨는 어떤 집안이었어요?"

"순조는 안동 김씨들의 위세를 꺾기 위해 아들 효명 세자의 부인은 다른 집안에서 맞아들였어. 바로 풍양 조씨 집안이었지. 한 집안에 권력이 집중

〈옥호정도〉 지금의 서울 종로 삼청동에 위치했던 옥호정은 순조의 장인인 김조순의 별장이야. 〈옥호정도〉에는 아름다운 산록에 둘러싸인 마당, 아름다운 정자, 울창한 소나무 숲, 행랑채와 본채 등이 그려져 있어. 〈옥호정도〉를 통해 조선 시대 세도가의 권력과 재력을 짐작해 볼 수 있어.

되지 못하도록 하려면 다른 힘 있는 집안이 그들을 막아서도록 해야 한다고 본 거야. 하지만 상황은 그리 만만치 않았어. 순조가 정치에서 한발 물러나 효명 세자에게 나랏일을 맡기자, 오히려 풍양 조씨들이 권력을 손에 넣게 되었거든. 그러다 효명 세자가 왕위에 오르지 못한 채 죽고 그 아들인 헌종이 여덟 살의 나이로 왕이 되자 권력은 다시 안동 김씨에게로, 얼마 뒤에는 또다시 풍양 조씨에게로 넘어갔어. 이렇게 두 집안 사이에 권력 다툼이 이어지다 헌종의 뒤를 이은 철종 때는 안동 김씨들이 최고의 권력을 누리게 되었지."

"철종도 어려서 왕이 되었나 보죠?"

곽두기가 걱정스러운 표정으로 물었다.

"아니, 철종은 왕위에 오를 때 열아홉 살이었어. 하지만 철종은 안동 김씨들이 억지로 왕위에 앉힌 인물이었거든. 헌종은 자식을 남기지 못하고 죽었어. 그러자 안동 김씨들은 재빨리 멀리 강화도까지 가서 철종을 데려다 왕으로 앉혔어. 철종은 자기가 왕족이라는 사실조차 잘 모르는 채 조용히 농사나 지으며 지내던 사람이었어. 그러니 왕이 되기 위해 받아야 할 교육은 코딱지만큼도 받지 못했지. 안동 김씨들은 똑똑한 왕보다 아무 물정을 모르는 꼭두각시 왕을 세워야 자기네가 권력을 쥐고 흔드는 데 유리하다는 사실을 잘 알고 있던 거야. 안동 김씨들은 자기네 집안 처녀를 철종의 왕비로 들인 뒤, 더욱 기세가 등등해져서 천하를 호령했어. 이런 세도 정치가 순조, 헌종, 철종 때까지 60여 년이나 이어진 거란다."

"어휴, 정치가 잘될 수가 없었겠네요."

철종(1831~1863)
사도 세자의 서자인 은언군의 손자야. 할아버지는 반역죄로, 할머니와 어머니는 천주교를 믿었다는 죄로 처형당했어. 이 그림은 6·25 전쟁 때 불타서 절반쯤만 남아 있던 것을 복원한 거야. 원본은 국립고궁박물관에 있어. 세로 202cm, 보물.

"그래. 아까도 말했듯 이미 조선은 예전의 단순한 농경 사회가 아니었어. 변화하는 현실을 담아낼 만한 새로운 정치가 필요한 상황이었지. 하지만 세도가들은 시대의 흐름과 사회 변화를 가늠하고 그에 걸맞은 정치를 펴기보다는 자신들의 권력을 이어 가는 데만 매달렸어. 게다가 이들에게는 같은 세도가 집안 말고는 눈치를 볼 경쟁 상대도 없었으니, 정치가 발전하기를 기대하기는 더욱 어려웠지. 높은 관리가 되어 출세하고 싶은 사람은 세도가들을 찾아다니면서 아부하고 돈을 갖다 바쳤어. 한양에서 벼슬을 하고 싶으면 돈이 얼마, 어느 고을 수령이 되고 싶으면 얼마 하는 말이 심심찮게 나돌 정도였지. 있잖아, 만약에 너희가 이런 식으로 돈을 주고 고을 수령이 된다면 그 다음 어떻게 할 것 같니?"

용선생과 눈이 딱 마주친 왕수재가 정색을 하고 손을 저었다.

"어? 왜 저를 보세요? 저는 그렇게 돈 주고 벼슬할 사람이 아니라고요!"

"만약 그런 입장이 된다면 말이야. 좋은 관리가 되려고 노력하기보다는 본전을 찾을 궁리부터 하기가 쉽겠지. 그렇다고 조정에서 그들이 비리를 저지르지 못하도록 막거나 부정한 관리를 엄하게 다스릴 수 있었을까?"

"흠, 그건 이상하죠. 똥 묻은 개가 겨 묻은 개를 나무라는 거나 마찬가지인데요."

용선생은 고개를 끄덕였다.

"선생님. 암행어사가 있었잖아요? 이몽룡도 암행어사로 와서 춘향이를 구해줬고요."

"그래. 암행어사가 있었지. 하지만 암행어사는 제 역할을 하지 못했어. 원래 암행어사는 지방의 관리들이 일을 잘하고 있는지, 혹시 백성들을 괴롭히지는 않는지 감시하고, 못된 관리를 추려 내는 일을 하던 관리야. 그 신분이나 맡은 임무는 철저히 비밀에 부쳐졌지. 그래야 관리들이 미리 알고 암행어사에게 잘 보이려 들거나 눈

속임을 할 수 없을 테니까. 하지만 이런 규칙은 잘 지켜지지 않았어. 고을마다 암행어사가 도착하기 전에 미리 알고 대비하는가 하면, 자기 신분을 감춰야 할 암행어사가 '나는 암행어사요!' 하고 떠벌리고 다니기도 했지."

장하다가 허탈한 표정으로 "그게 무슨 암행어사예요?" 했다.

"관리들이 그 모양이니 백성들은 정말 힘들었겠네요."

"그러니 〈애절양〉과 같은 상황이 벌어진 거야."

 ## 무거운 세금에 짓눌린 백성들

"자, 그럼 다 같이 〈애절양〉을 한번 읽어볼까?"

용선생의 말에 아이들은 칠판에 쓰인 시를 한 줄씩 또박또박 읽었다.

갈밭 마을 젊은 여인 울음도 서러워라

관아 문을 향해 울부짖다 하늘 보고 통곡하네

군인으로 전쟁터에 나간 남편이 돌아오지 못하는 일은 있을 법도 한 일이나

예로부터 남편이 생식기를 잘랐다는 말은 들어 보질 못 했네

돌아가신 시아버지 3년상은 이미 끝났고

갓난아이는 배냇물도 마르지 않았는데

삼대(三代)의 이름이 군적에 오르다니

달려가 억울함을 호소하려 해도 관아의 문지기가 호랑이처럼 버티고 있고

마을 관리는 호통치며 외양간의 소마저 끌고 가네

남편이 문득 칼을 갈아 방으로 뛰어드니 피가 방에 흥건하네

스스로 한탄하는 말은 "아이 낳은 죄로구나!"

"무슨 이야긴지 알겠니? 관리들이 돌아가신 시아버지와 막 태어난 갓난아기까지 군대에 갈 대상으로 정해 놓고 군포를 받아 가려 했어. 억울함을 호소하는데도 들어주지도 않고, 오히려 관리들이 집에 남아 있던 소 한 마리까지 빼앗아 가니까 견디다 못한 남편이 자식을 낳은 게 죄라며 자기 생식기를 잘라 버렸지. 그 아내가 원통함에 겨워서 통곡을 하고 있는 거야."

"아…… 말도 안 돼."

"얼마나 힘들면 자기 몸에 칼을 댔을까?

아이들의 나지막한 탄식이 이어졌다.

"이 시를 누가 썼다고 했는지는 기억나니?"

"정약용이요!"

"그래. 정약용이 유배 생활을 할 때 쓴 시야. 벌을 받아 자유로운 몸이 아니었으니 아마도 떠도는 이야기를 전해 들었던 것 같아."

"그러면 이 시가 사실은 아니라는 거죠? 어휴. 진짜 다행이다."

장하다의 말에 용선생은 안타까운 목소리로 이야기를 이어갔다.

"하다야. 중요한 건 이런 이야기가 정약용에게 들려올 만큼 백성들이 무거운 세금 때문에 고통스러워했다는 점이야."

용선생의 말에 아이들은 꿀 먹은 벙어리가 되었다. 용선생은 그런 아이들을 보며 이야기를 이어 갔다.

"이 무렵 백성들을 괴롭힌 세금은 크게 세 가지였어. 군대에 가는 대신 군포를 걷는 군정(軍政), 땅에서 거둔 곡식에 매겨 세금을 걷는 전정(田政), 그리고 나라에서 가난한 백성들에게 식량을 빌려 주고 이자를 걷는 제도에서 비

롯된 환정(還政). 이 세 가지를 묶어서 삼정(三政)이라고 불러. 하나씩 설명해 줄게."

용선생은 아이들 앞으로 한 걸음 다가서며 차분히 말을 이었다.

"그럼 먼저 군정부터 알아보자. 군포를 낼 의무가 있는 건 16세부터 60세까지의 양인 남자였어. 그런데 관리들은 서류를 거짓으로 꾸며서 어떻게든 군포를 걷어 갔어. 금방 살펴본 〈애절양〉에 관리들이 군포를 어떻게 매겼는지 잘 나와 있었지?"

"죽은 시아버지랑 갓난아이한테도 군포를 매겼다는 거 말이죠?"

"그래. 그뿐 아니라 군포를 내지 않고 도망쳐 버린 사람이 있으면 그 친척이나 이웃집 사람한테 받아 갔어. 전에 이야기했듯이 군포를 내지 않기 위해 양반 신분으로 탈바꿈을 하거나, 양반집 노비가 되어 버리거나, 아니면 아예 고향을 버리고 도망치는 사람들이 늘어날수록 그 부담은 고스란히 남은 사람들이 져야 했던 거야."

"가만, 그러니깐 얘가 병역 기피를 하면 내가 군대에 두 번 가야 되는 거네!"

장하다가 또 왕수재를 뚫어져라 바라보며 중얼거렸다.

"다음, 전정을 살펴보자. 수확한 곡식에 대한 세금은 기본적으로 양전을 통해 결정하는 것이 원칙이었어. 양전이란 논밭의 넓이를 재는 일을 말해. 나라 안의 땅 중에서 실제 농사를 짓는 땅은 얼마나 되는지, 저마다 땅의 질은 어떤지, 또 누구의 땅이 어디부터 어

나선애의 개념 사전

양전
양전은 20년에 한 번씩 하는 게 원칙이었어. 하지만 비용과 인력이 많이 들어 원칙대로 하기 어려웠지. 전국적 규모의 양전은 조선 시대 통틀어 네 번이었고, 주로 도 단위로 양전을 했어.

디까지인지를 조사해서 세금을 물릴 근거로 삼는 거지. 이렇게 논밭에 대한 정보를 갖추고 나면 실제로 거두어들인 곡식이 얼마나 되는지 조사할 필요가 있겠지? 조선 초부터 나라에서는 해마다 농사가 얼마나 잘되었는지를 따져서 수확량에 따라 세금을 물리기 위해 노력했어. 하지만 전국 각지의 농사 상황을 매년 자세히 파악한다는 것은 당시로서는 거의 불가능한 일이었지."

"하긴 지금처럼 자동차가 있는 것도 아니고, 전화나 인터넷도 없고…… 진짜 엄청 큰일이었겠네요."

"그래. 결국 나라에서는 매년 실제 수확량을 조사하는 방식을 포기할 수밖에 없었어. 대신 이전 해들의 수확량에 비추어 세금 총액을 정한 뒤, 충청도에서는 얼마, 경상도에서는 얼마, 전라도에서는 얼마 하는 식으로 각 지방에서 내야 할 액수를 정해 주게 됐어. 올해 농사의 잘된 정도가 예전의 어느 해와 가장 비슷한지를 따져서 그 해 거둔 세금의 양을 올해 거둘 세금 총액으로 정하는 거지. 여기서 중요한 것은 곡식 수확량이 너무나 적어서 세금을 내기 어려운 땅을 따로 정했다는 점이야. 각 지방 관청에서는 세금을 면제받은 땅이 많을수록 나라에 바쳐야 할 세금 액수가 줄어들겠지? 반대로 나라에서는 세금을 면제해 주는 땅이 적어야 재정이 더 넉넉해질 테고. 그러니 지방에서는 농사를 망친 땅이 많다고 보고해 올리고, 나라에서는 세금을 면제받을 땅을 그보다 훨씬 석게 인정해 주곤 했어. 지방 관청과 중앙 관청이 서로 믿지 못하고 실랑이를 벌인 거지."

이제 이해가 되는지 선애가 고개를 주억거리며 "세금 문제가 간단한 게 아니구나" 했다.

"이렇게 세금을 정해 주는 단계에서부터 기준이 흔들리니, 어디 백성들한테 세금이 공정하게 매겨졌겠니? 실제 세금을 면제해 줄

수세패 세금을 걷는 관리가 자신의 신분을 증명하기 위해 가지고 다닌 수세패야. 수세패 안에는 무슨 물건의 세금을 거둔다는 내용까지 적었어.

땅을 얼마로 정할지, 또 어느 땅으로 정할지, 어느 땅에서 얼마나 세금을 거둘지는 지방 관리들이 다 알아서 했기 때문에 못된 수령이 횡포를 부려도 막을 방법이 없었어. 또 조선 후기에는 남의 땅을 빌려 농사를 짓는 소작농들이 아주 많았는데, 땅 주인 중에는 세금도 자기가 내지 않고 자기 땅에서 농사짓는 농민들에게 떠넘기는 이들이 많았어. 이런저런 명목으로 땅에 붙는 세금은 점점 가짓수가 많아졌고, 때로는 원래 내도록 정해진 세금 외에 세금으로

거두는 곡식의 운반비며 곡식을 모을 때 생기는 자잘한 비용까지도 농민들이 내야 했지."

"그러니까, 농민들이 세금을 너무 많이 내야 했다는 얘긴 거죠?"

설명이 복잡해지자 눈을 껌벅거리던 장하다가 말했다.

"그래, 요약하면 그런 얘기지. 세도 정치가 시작되기 한참 전부터도 백성들은 전정의 부담에 시달려 왔어. 그러던 차에 군정도 더욱 무거워지고, 환정까지 더해지면서 세금 제도가 통째로 백성들을 괴롭히는 괴물처럼 변해 간 거야."

"환정은 대체 뭐였는데요?"

"그게 참 골치 아픈 세금이었어. 원래 조선에는 가난한 백성들을 구제해 주기 위한 환곡이라는 제도가 있었어. 봄에 먹을 식량이 떨어진 백성들에게 쌀을 빌려주고, 가을에 곡식을 거둔 뒤에 갚도록 한 제도였지. 그런데 16세기 중반부터는 꾸어 준 곡식을 돌려받을 때 10분의 1의 이자를 붙여 받아서 그 이자를 나라의 재정에 보태 쓰기 시작했어. 100여 년이 흐른 뒤인 17세기 중반에는 그 이자가 3분의 1까지 불어났지. 그로부터 또 100여 년이 흐르자 환곡은 처음에 생긴 뜻과 달리, 백성들로부터 이자를 받아 내 관청의 재정을 채우는 수단이 되어 버렸어. 너희들, 영조 때 군포를 두 필에서 한 필로 줄여 주는 균역법을 시행하면서 지방 관청의 재정을 중앙으로 끌어다 쓰는 경우가 늘었다고 했던 것 기억나니?"

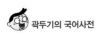

곽두기의 국어사전

환곡
'돌려받는 곡식'이란 뜻이야.

"아! 맞아요. 그래서 나중에는 문제가 되었다고 했었죠?"

나선애가 전에 배운 내용을 기억해 냈다.

"그렇지! 그 뒤 지방 관청에서 모자란 재정을 채우기 위해 손쉽게 쓴 방법이 바로 환곡을 늘려 이자를 거두어들이는 거였어. 이자를 받아 내는 방법도 가지가지였지. 환곡을 받을 생각이 없는 사람들에게도 강제로 떠안기고, 쌀을 빌려줄 때 풀뿌리나 겨, 그러니까 쓸데없는 쌀 껍질을 섞어서 양을 부풀리고, 이자도 원래 받도록 되어 있는 액수보다 더 많이 받아 가는 식이었어. 다시 100여 년이 흘러 19세기 중반이 되었을 때, 이미 환곡에서는 처음의 흔적을 찾아보기도 어려웠어. 환곡과 관련된 나랏일이라는 뜻으로 '환정'이

라는 이름이 남았을 뿐, 쌀은 빌려주지도 않으면서 관청에서 수시로 걷어 가는 세금으로 자리를 잡은 거야."

"뭐 그런 어이없는 세금이 다 있어요?"

허영심이 황당하다는 듯 목소리를 높였다.

"그래, 이상하지? 이 무렵 가장 문제가 많았던 세금이 바로 환정이었어. 별 근거 없이 걷을 수 있으니 몇몇 지방 수령들이 세금을 빼돌려 제 욕심을 채울 때도 흔히 걷는 게 바로 이 세금이었지."

1811년, 홍경래의 난이 일어나다

아이들이 모두 황당한 표정을 짓는 가운데 장하다가 책상을 쿵 내리쳤다.

"뭐야 그게! 정말 너무하잖아요?"

"그래, 너무하지……. 그러니 백성들도 이제 더 이상 가만히 있지만은 않았어. 곳곳에서 부당한 세금과 수령의 횡포에 맞서기 시작했지. 여럿이 뜻을 모아 관청에 세금을 줄여달라고 건의하는가 하면 더는 세금을 낼 수 없다고 버티는 사람도 늘어났어. 거리에는 관리들이 저지른 잘못을 낱낱이 적은 글들이 나붙고, 뒷산에 올라가서 산이 울리도록 못된 고을 수령을 향해 호통을 치는 이들도 있었단다. 백성들은 부자와 힘 있는 자들이 요리조리 빠져나가고, 가난한 백성들만 무거운 세금을 지고 있다는 것, 조정의 높은 관리들이 나라를 잘못 다스리고 있다는 것을 누구보다도 잘 알고 있었지."

말을 뚝 끊은 용선생은 갑자기 목소리를 낮췄다. 알 수 없는 긴장감 속에 아이들은 침을 꼴깍 삼켰다.

"그래도 관리들은 농민들의 요구를 들어주지 않았고, 소규모 농민의 항거는 점차 농민 봉기로 확대되었단다. 그 중 규모가 컸던 것이 '홍경래의 난'과 '임술 농민 봉기'야."

"아…… 진작 좀 들어줬으면 좀 좋아?"

나선애의 투덜거림을 뒤로하고, 용선생이 말을 이었다.

"때는 1811년! 추운 겨울밤이었어. 평안도 가산군에는 다복동이라는 동네가 있었거든. 그 밤에 저마다 손에 칼이며 창, 몽둥이를 든 사람들이 다복동 골짜기를 내려와서 가까운 관아로 몰려들었지.

홍경래의 난

평안도

용천

정주 가산

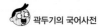

곽두기의 국어사전

봉기(蜂起)
'벌떼(蜂)같이 일어난다(起)'는 뜻이야. 도저히 못살겠다며 세차게 들고일어나는 걸 말해.

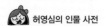

홍경래(1771~1812)
과거에 낙방한 뒤
벼슬길을 포기한
그는 일반 백성들의
비참한 현실을
경험하면서 조선
사회의 문제점을
깨닫고 양반이면서도
봉기를 일으켜
주도했어.

그리곤 순식간에 관아를 손에 넣고, 옆 고을, 또 옆 고을을 차례차례 쳐들어가서 불과 열흘 만에 평안도 일대를 차지했어."

"습격하기로 미리 약속이 되어있었나 봐요?"

"이 봉기를 이끈 것은 평안도 지역에 사는 홍경래라는 사람이었는데 평안도는 오랫동안 차별을 받은 곳이었어. 오죽하면 이중환이 《택리지》에서 '평안도는 300년 동안 높은 벼슬을 한 사람이 없고, 서울 사대부는 이들과 혼인하거나 벗하지 않는다'고 지적할 정도였지. 그런데 그 무렵 평안도에서는 중국과의 무역이나 광산 개발이 활발히 이루어지면서 부자들이 생겨나기 시작했어. 나라의 관리들은 평안도에 대한 차별을 거두지는 않으면서 이 부자들을 뜯어먹기만 했지. 평안도 사람들을 보살피거나 도움을 주는 일도 없이 말이야. 홍경래는 갈수록 조선 사회에 대해 큰 불만을 품게 됐어. 나라의 관리들이 백성들의 어려운 생활에는 관심도 없고 자기들끼리만 잘 먹고 잘사는 모습이 크게 잘못되었다고 생각하고, 직접 뜯어고쳐야겠다고 마음먹은 거야. 홍경래는 자신과 생각이 같은 사람들을 차근차근 끌어모았어. 가난한 양반들, 먹고살기 어려운 농민들, 사회에 불만이 많았던 부자들, 갈 곳 없이 떠돌아다니던 가난뱅이들까지 아주 다양한 사람들이 이 봉기에 참여했어. 홍경래는 가짜 돈을 만들어서 무기를 사 모았고, 광산에 사람들을 모아 군사 훈련까지 시켰단다. 이렇게 단련된 봉기군이있기 때문에 쉽게 평안도 지역을 차지할 수 있었던 거야."

"그다음, 그다음은요?"

장하다가 용선생을 거듭 재촉했다.

"평안도 일대를 차지한 농민군은 100일 정도를 관군과 싸우며 버텼지만 관군의 수는 점점 늘어났어. 결국 밀리고 밀린 농민군은 정주성 안으로 쫓겨 들어가게 됐고, 관군은 정주성을 완전히 에워싸고 이들을 압박했어. 농민군은 얼마 못 가서 무너졌지. 당시 정주성 안에는 3,000명 정도의 백성들이 있었는데, 그 중에 어린이와 여자를 뺀 1,917명이 처형을 당했다고 해."

"1,917명이요? 너무 잔인해요."

"선생님, 그럼 홍경래는 어떻게 됐어요?"

아이들이 저마다 흥분한 목소리로 이야기를 했다.

"홍경래도 정주성에서 싸우다가 죽었어. 그런데 사람들 사이에서는 가짜 홍경래가 죽은 것이고, 진짜 홍경래는 살아 있다는 소문이 돌았단다. 새로운 세상을 꿈꾸는 사람들에게 홍경래는 죽지 않았던 거야. 그렇게 시작된 농민들의 봉기는 50년쯤 뒤에 전국에서 걷잡을 수 없이 타오르게 되었는데 그게 바로 1862년 '임술 농민 봉기'야. 1862년이 임술년이기 때문에 임술 농민 봉기라고 불러."

〈순무영진도〉
홍경래의 난을 진압하기 위해 파견된 순무영군(관군)이 정주성에서 농민군과 대치하고 있는 모습이야. 방어를 위해 부대별로 목책 안에 들어가 있는 순무영군이 사실적으로 그려져 있지.

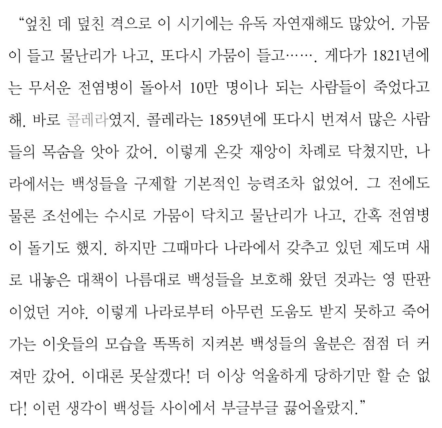# 1862년, 농민 항쟁의 불길이 타오르다

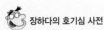
"엎친 데 덮친 격으로 이 시기에는 유독 자연재해도 많았어. 가뭄이 들고 물난리가 나고, 또다시 가뭄이 들고……. 게다가 1821년에는 무서운 전염병이 돌아서 10만 명이나 되는 사람들이 죽었다고 해. 바로 콜레라였지. 콜레라는 1859년에 또다시 번져서 많은 사람들의 목숨을 앗아 갔어. 이렇게 온갖 재앙이 차례로 닥쳤지만, 나라에서는 백성들을 구제할 기본적인 능력조차 없었어. 그 전에도 물론 조선에는 수시로 가뭄이 닥치고 물난리가 나고, 간혹 전염병이 돌기도 했지. 하지만 그때마다 나라에서 갖추고 있던 제도며 새로 내놓은 대책이 나름대로 백성들을 보호해 왔던 것과는 영 딴판이었던 거야. 이렇게 나라로부터 아무런 도움도 받지 못하고 죽어가는 이웃들의 모습을 똑똑히 지켜본 백성들의 울분은 점점 더 커져만 갔어. 이대론 못살겠다! 더 이상 억울하게 당하기만 할 순 없다! 이런 생각이 백성들 사이에서 부글부글 끓어올랐지."

"나도 분하네! 어흐~."

장하다가 긴 한숨을 내뱉었다.

"세도 정치가 막바지로 접어들던 1862년, 진주의 농민들은 잔뜩 화가 나 있었어. 고을 관청에서 그동안 수령들이 떼어먹은 환곡 4만여 석을 다시 백성들에게 강제로 걷은 거야. 게다가 경상우도 병

마절도사라는 벼슬을 하던 백낙신은 관청의 재정이 모자란 것을 알고는 6만 냥이나 되는 돈을 다시 백성들에게 세금으로 거두려 했어. 물론 이런 일이 이때가 처음은 아니었어. 그동안 주민들은 수령에게 세금을 줄여 달라고 사정도 하고 한양의 조정에까지 억울함을 호소했지. 하지만 문제는 해결되지 않았던 거야. 이번엔 주민들도 그냥 넘어갈 수 없었어. 분노에 찬 농민들의 뜻을 하나로 모으는 데 앞장선 것은 가난한 양반들이었어. 이 무렵 중앙에서 밀려나 지방에 자리 잡은 양반들 중에는 당시 사회와 지배층에 불만을 품은 이들이 적지 않았거든. 마을마다 농민들이 모여 회의를 열었고, 이는 여러 마을의 대표들이 모인 더 큰 회의로 이어졌어. 또 수백 명의 농민들이 한자리에 모여 자신들의 요구 사항을 명확히 밝히기도 했지. 이렇게 농민들이 한데 모여 자기 마을이나 고장의 문제점을 해결하기 위해 회의를 열었던 것을 '민회'라고 불러. 민회가 거듭될수록 농민들의 뜻은 하나로 좁혀졌어."

"그게 뭐였는데요?"

"백성들이 직접 나서서 해결하자는 것, 바로 봉기를 일으키자는 것이었지. 마침내 약속한 날이 오고, 농민들은 머리에 띠를 두르고 손에는 무기를 들었어. 이 소식을 들은 백낙신은 자기가 나서서 훈계를 하면 농민들이 순순히 물러설 거라고 생각하고 농민들 앞으로 나섰어. 하지만 그건 착각이었지. 농민들은 오히려 백낙신을 붙잡

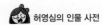

허영심의 인물 사전

백낙신(?~?)
전라좌도의 수군절도사일 때도 백성들을 수탈하는 바람에 처벌받은 적이 있어. 한마디로 탐관오리라고 할 수 있지.

아 다시는 떼먹은 세금을 백성들로부터 받아 내지 않겠다고 약속을 할 때까지 놔주지 않았지. 농민들의 기세에 눌린 백낙신이 그러겠다고 했지만 그 뒤로도 봉기는 6일 동안 더 이어지며 23개 면을 휩쓸었어. 이 과정에서 아전 몇 명이 농민들의 손에 죽고, 아전과 양반, 대지주의 집들이 불태워졌어."

그때 곽두기가 이상하다는 듯 고개를 갸웃거렸다.

"두기야, 왜 그러니?"

"농민들은 백낙신은 놔두고 왜 다른 사람들을 죽였나요?"

"이 시기에 고을 수령 밑에서 일하던 아전들 중에는 백성들을 괴롭히고 뜯어먹는 데 앞장섰던 이들이 많았거든. 고을 수령보다 이들을 더 미워하고 원망하는 백성들도 있을 정도였어. 또 대지주들은 그동안 가난한 농민들에게 토지에 대한 여러 세금을 떠넘기고, 수령이나 아전과 손잡고 백성들을 못살게 굴던 대가를 치르게 된 거야. 하지만 고을 수령은 여전히 함부로 죽이거나 몰매를 때리거나 할 수는 없는 존재였지."

장하다가 떨떠름한 표정으로 용선생을 바라보았다.

"자, 이렇게 진주에서 일어난 봉기는 얼마 뒤 다른 지역에까지 번져 나갔어. 사정은 조금씩 다를지언정 다른 지역 농민들도 진주 농민들과 똑같은 문제로 시달려 왔으니까. 경상도, 전라도, 충청도 일대가 온통 봉기의 불길에 휩싸였고, 북쪽의 함경도며 한양과 가

까운 경기도, 남쪽으로 제주도에 이르기까지 전국적으로 농민들이 들고 일어났어. 작은 고을에서는 천여 명, 큰 지역에서는 수만 명에 이르는 백성들이 봉기에 참여해 그동안 쌓여 온 분노를 터뜨렸어. 진주에서 시작되어 전국으로 퍼져 나간 이 봉기가 바로 '임술 농민 봉기'야."

"흠. 그렇게 일이 커졌다면 홍경래 때보다 조정에서는 더 깜짝 놀랐겠는데요?"

수업 내용을 열심히 받아 적던 왕수재가 물었다.

"응, 조정의 세도가들도 잔뜩 긴장을 했지. 특히 봉기가 집중적

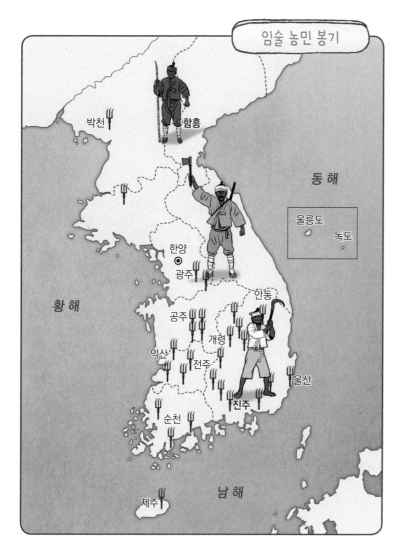

임술 농민 봉기

박천

함흥

동 해

울릉도

독도

황 해

한양
광주

안동

공주

개령

익산

전주

울산

진주

순천

남 해

제주

으로 일어난 충청도, 전라도, 경상도는 가장 곡식이 많이 나는 지역이었으니 나라 재정이 당장 큰 위기를 맞을 판이었어. 어떻게든 빨리 농민들을 진정시켜 집으로 돌려보내야 했지. 조정에서는 대규모의 봉기가 일어난 지역에 관리를 내려보내 상황을 파악하고 봉기의 원인이 무엇인지 알아보도록 했어.

그 결과, 봉기의 원인은 무거운 세금과 세금을 둘러싼 관리들의 부정에 있다는 결론이 내려졌지. 여기서 그치지 않고, 조정에서는 사람들에게 이 문제를 어떻게 해결해야 할지 묻기로 했어. 얼마 뒤 전국에서 1천여 건의 상소문이 올라왔지. 상소에 적힌 내용은 크게 네 가지 해결책으로 나뉘었어. 세금 제도는 그대로 두고 운영 방식을 개선하자는 의견, 세금 제도를 부분적으로 고치자는 의견, 세금 제도를 통째로 고치자는 의견, 세금 제도는 물론이고 토지 제도까지 싹 개혁해야 한다는 의견이었어."

"어머, 조정에서 사람들한테 해결책까지 물었단 말이에요?"

"다 뜯어고쳐야 한다고 생각한 사람들도 많았나 보죠? 그래도 희망이 보이네!"

아이들이 모처럼 반가운 표정을 지었다.

"그래, 이 일을 맡아서 할 삼정이정청이라는 관청도 설치했으니 이 기회에 크게 개혁을 했더라면 참 좋았을 거야."

"'좋았을 거야' 라는 건 개혁을 안 했다는 건가요?"

"아니, 개혁을 하기는 했어. 하지만 세도 정권이 택한 것은 가장 쉬운 길이었지. 그들은 세금 제도를 운영하는 과정에서 생기는 문제점만을 고치는 쪽으로 가닥을 잡았거든."

"치, 어쩐지……. 그래도 백성들의 요구가 받아들여지긴 했으니 다행이네요."

나선애의 말이었다. 하지만 용선생은 무거운 표정으로 고개를 저었다.

"음…… 백성들도 그런 줄 알았어. 그래서 차츰 봉기의 열기는 사그라들었지. 그러자 조정에서는 농민 항쟁에 앞장섰던 이들을 잡아들여 가혹하게 처벌했어. 백성들이 이미 죄를 다 파헤쳐 보인 고을

곽두기의 국어사전

삼정이정청
(三政釐整廳)
삼정의 문제점을
정리하고[整]
뜯어고치는[釐]
관청을 말해.

수령들은 가벼운 벌을 받는 데 그쳤지. 그리고 가장 중요한 세금 문제는 어떻게 됐느냐? 전혀 개선되지 않았어. 삼정이정청은 그런 게 있었는지도 모르게 흐지부지되었지. 처음엔 제일 문제가 심각했던 환정을 토지에 매기는 세금으로 바꾸겠다고 했지만, 나중엔 그마저도 관리들이 반대하니 취소해 버린 거야."

 새 세상을 향한 열망은 더욱 커져 가고

"그럼, 변한 게 하나도 없는 거예요?"

아무도 말을 꺼내지 못하고 허망해하고 있는 중에 나선애의 질문이었다.

　"하지만 그렇다고 백성들의 의지가 완전히 꺾여 버린 건 아니었어. 부당한 세금도, 못된 관리들과 지주들의 횡포도 없는 새 세상을 꿈꾸는 사람들이 점점 더 많아졌지. 이 무렵 백성들 사이에서는 이씨 왕조가 망하고 정씨 왕조가 들어선다는 내용의《정감록》과 미륵불이 나타나서 세상을 구원한다는 미륵 신앙이 유행하고 있었어. 이런 사상들은 의지할 데 없었던 백성들에게 정신적으로 힘이 되어 주었고, 새로운 세상에 대한 기대를 더욱 높여 주었지. 거기에 양반 중심의 조선 사회를 부정하는 새로운 종교도 백성들을 중심으로 더욱 확산되고 있었어."

고창 선운사 동불암지 마애여래 좌상
마애여래의 가슴 한가운데에는 배꼽처럼 보이는 부분이 있어. 이곳에 들어 있는 비밀 책을 꺼내면 새로운 세상이 열린다는 소문이 있었지. 당시 백성은 어려운 삶을 미륵 신앙에 기대어 견뎠던 거야. 높이 15.5m, 보물.

　아이들에게 대답을 구하려는 듯이 용선생이 아이들을 둘러보자 "천주교?" 하고 나선애의 대답이 돌아왔다.

　"그래, 지식인들을 중심으로 받아들여졌던 서학이 종교적인 색채가 두드러지면서 천주교를 뜻하게 되었다고 지난 수업에서 잠시 이야기를 했었지? 이 천주교가 19세기를 거치며 백성들 사이에서 신앙으로 자리 잡아갔어."

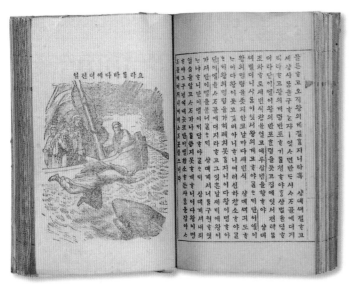

《성경도설》 에덴, 노아의 방주, 모세의 기적 등 성경에 나오는 유명한 이야기 80가지를 글과 그림으로 소개한 책이야. 1892년 이화 학당의 교사이자 선교사였던 루이자 로드와일러가 한글로 번역했어.

"그런데 조선 사람들 중에는 천주교를 꺼림칙하게 생각하는 사람이 많았다면서요?"

왕수재의 말에 용선생이 고개를 끄덕였다.

"그랬지. 무엇보다 성리학의 가르침에 따라 형성된 조선의 전통과 어긋나는 점이 많았으니까. 임금이나 부모보다 자기네 신을 더 받드는 것부터가 문제였고, 제사를 지내지 말라고 하는 것도 큰 문제였어. 조선 사람들은 대대로 조상에게 제사를 지내는 것이야말로 사람의 기본 도리라고 생각해 왔는데, 천주교에선 귀신을 섬기는 것과 다를 바 없으니 제사를 지내지 말라고 했거든. 그러니 나라에서는 이미 정조 때부터 천주교를 믿는 일을 금지한 터였고, 순조 때 이후로는 천주교를 믿는 사람들을 찾아내 처형하는 일이 여러 번 있었어."

처형이라는 말에 놀란 장하다가 "그럼 무서워서 천주교 믿는 사람들이 금방 없어졌겠네요?" 했다.

"그렇지 않았어. 오히려 꾸준히 늘어 철종 때에는 천주교 신자가

2만여 명에 달하게 됐지. 이렇게 목숨을 걸면서까지 천주교를 믿는 백성들이 많아진 데는 천주교의 평등사상이 크게 작용했어. 천주교에서는 사람 사이에 귀한 신분이나 천한 신분이 따로 없다고 하고, 부자나 가난한 사람이나 똑같이 구원받을 수 있다고 했거든. 이미 양반 중

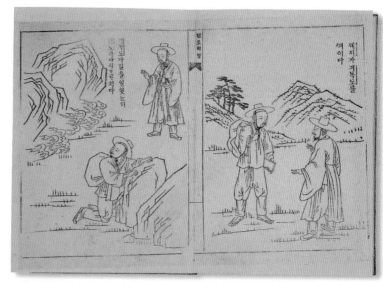

《천로역정》 영국의 존 버니언(1628~1688)이 쓴 소설로, 천국에 이르는 길을 제시하고 있어. 1895년 선교사 게일이 한글로 번역하고 김준근이 그림을 그렸어. 조선 사람들이 이해하기 쉽도록 인물의 옷차림이나 배경을 모두 조선식으로 바꾸었어.

심의 신분 제도는 하염없이 흔들리고 있었고, 못된 관리며 부자들에게 신물이 난 백성들은 자연스럽게 이런 천주교의 가르침에 귀를 기울이게 된 거지."

"아~, 천주교를 많은 백성들이 믿은 이유를 알겠어요."

곽두기의 말을 듣고, 다른 아이들도 맞장구를 쳤다.

"그리고 이 시기에는 또 동학이라는 새로운 종교가 만들어졌어."

"동학? 동학은 뭔가요? 서학 반대인가요?"

허영심의 말에 용선생이 짝, 손뼉을 쳤다.

"맞아! 서학(西學)에 대항하는 의미로 동학(東學)이라고 했지. 동학

은 철종 때 최제우라는 사람이 불교와 유교, 도교, 그 밖의 민간 신
앙까지 고루 포괄해 만든 종교야. 최제우는 조선의 전통과 맞지 않
는 천주교와 서양 세력을 위험한 대상이라고 여기고, 그에 맞서 조
선의 현실에 맞는 종교를 통해 새로운 세상을 일구어야 한다고 생
각했어. 동학은 이후 여러 지도자를 거치며 '사람이 곧 하늘'이라는
교리를 세우고, 신분이나 빈부 차이, 또 성별이나 나이에 상관없이
모든 사람이 평등한 세상을 이루어야 한다고 했어."

"사람이 평등하다고 한 건 천주교나 동학이나 똑같았네요?"

"그래. 동학 역시 빠른 속도로 널리 퍼지게 되었어. 그만큼 차별 없는 세상, 백성들이 대접받으며 잘 사는 세상을 향한 열망이 커져 가고 있던 거지. 새로운 세상에 대한 열망은 백성들이 적극적으로 지배층에 맞설 수 있는 용기가 되어 주었단다."

용선생은 수업이 끝났다는 표시로 손을 탁탁 털어 보이며 "오늘도 많은 이야길 했구나. 앞으로 조선은 어떻게 되려나……" 했다. 그러자 뜻밖에도 아이들이 기다렸다는 듯 여러 질문을 쏟아 내기 시작했다.

"어떻게 되는데요? 좀 나아지겠죠?"

"아까 그 세도 정치는 어떻게 돼요?"

"백성들이 또 봉기를 일으키는 건 아니고요?"

아이들의 열띤 분위기에 놀란 용선생이 눈을 껌벅거렸다.

"오…… 이게 웬 아름다운 분위기냐! 오늘 수업이 그렇게 재미있던 거니? 좋다! 사

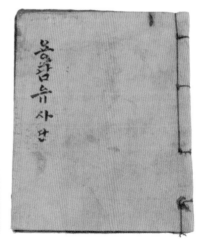

최제우(1824~1864) 몰락한 양반 출신으로 동학이라는 종교를 창시했어. 사회의 문제를 종교적인 방법으로 해결하려 한 거지. 결국 세상을 어지럽히고 사람들을 속인다는 죄목으로 사형을 당했어.

《동경대전》과 《용담유사》
최제우가 지은 동학의 기본 경전 《동경대전》과 《용담유사》야. 《동경대전》이 한자로 기록된 것과 달리 《용담유사》는 최제우가 깨우친 사상을 쉽게 이해하고 따를 수 있도록 한글로 쓰고, 가사의 형식을 빌려 표현했지.

랑하는 제자들이 원하는데 이 선생님이 그냥 갈 수 없지. 애들아, 우리 이참에 수업 한 시간 더 할까?"

용선생이 다시 다가들자 기겁을 한 아이들이 "그냥 다음 시간에 알려 주세요", "왜 또 오버하세요!" 하며 앞다퉈 일어서기 시작했다. 용선생이 붙잡아 보려 했지만 아이들은 꾸벅 인사를 한 뒤 누가 먼저랄 것도 없이 후다닥 교실을 빠져나갔다.

순식간에 텅 비어 버린 교실을 둘러보며, 용선생은 하릴없이 뒤통수를 긁적거렸다. 하지만 표정만은 그 어느 때보다 행복해 보였다.

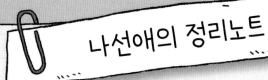 

나선애의 정리노트

1. 세도 정치의 흐름

왕	순조	헌종	철종
재위 연도	1800~1834	1834~1849	1849~1863
세도 가문	안동 김씨	풍양 조씨	안동 김씨
중심 인물	김조순	조만영	김문근

2. 백성들을 괴롭힌 '삼정'

이름	내용	어떻게 악용되었을까?
군정	군대 가는 대신 내는 세금	군포를 내지 않아도 되는 사람에게도 내게 함, 다른 사람의 군포도 내게 함
전정	땅에서 거둔 곡식에 매기는 세금	땅 주인이 땅을 빌려 농사짓는 농민에게 대신 내게 함, 이런저런 명목으로 땅에 붙는 세금이 많아짐
환정	가난한 백성들에게 나라에서 식량을 빌려주던 제도에서 비롯된 세금	곡식이 필요하지도 않은 사람에게 억지로 떠넘기고 이자를 거둠

3. 농민 봉기의 발생

① 홍경래의 난

- 평안도에 대한 차별, 탐관오리에 대한 불만

- 홍경래를 중심으로 봉기

② 임술 농민 봉기

- 진주에서 수령들이 떼어먹은 세금을 백성들에게 다시 걷거나 걷으려 함

- 진주에서 시작된 농민 봉기가 전국으로 퍼져 나감

- 조정에서 '삼정이정청'을 세웠으나 흐지부지!

  └ 세금 문제를 해결하기 위한 관청

용선생의 역사 카페
역사계의 슈퍼스타,
용선생의 역사 카페에
오신 걸 환영합니다

Log in

게시판 ∨

📄 역사가 제일 쉬웠어용!
📄 이제는 더~ 말할 수 있다!
📄 필독! 용선생의 매력 탐구
📄 전교 1등 나선애의 비밀 노트

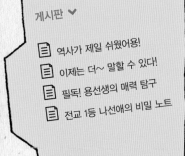

세상이 뒤집힌다는 예언이 돌다

19세기 조선의 백성들은 세도 정치와 삼정의 문란으로 힘겨운 삶을 살았어. 이런 백성들에게 유일한 희망은 지금의 세상이 무너지고 새로운 세상이 올 것이라는 예언 사상이었지. 수업 시간에 얘기했던 《정감록》이 대표적인 예언 사상이었어. 그 밖에 어떤 예언들이 있었을까?

전라남도 화순군에는 운주사라는 절이 있어. 이 절에는 다양한 종류의 불상과 신기한 모양의 탑들이 많이 있는데, 천 개의 불상과 천 개의 탑이 있다는 뜻으로 천불천탑이 있는 절이라고도 불려. 이 절이 있는 산꼭대기에는 누워 있는 불상이 있는데 그 길이가 자그마치 13미터나 된단다. 이렇게 누워 있는 불상을 와불이라고 하지.

운주사 와불에는 재미있는 이야기가 전해 내려와. 이 거대한 와불이 일어나는 날에, 새로운 세상이 열린다고 하는 거야. 13미터나 되는 불상이 벌떡 일어난다니, 그런 일은 일어나지 않았겠지? 하지만 백성들은 기적이 일어나서 자신들을 구원해 주길 바랐단다. 이렇게 새 세상이 온다는 믿음은 당시 백성들 사이에 널리 퍼져 있었던 미륵 신앙에 많은 영향을 받았어. 불교에서 미륵불은 어지러운 세상을 구원하러 나타나는 존재였거든.

한편 고창 선운사 동불암지 마애여래 좌상에는 1894년 동학 농민 운동과 관련된 이야기도 전해져. 동학 농민 운동이 일어나기 직전인 1892년, 정읍 지역의 동학 지도자였던 손화중이 마애여래 좌상에 있는 비밀 책을 꺼냈다는 소문만으로 손화중의 집에는 수많은 사람들이 몰려들었대. 당시에 많은 사람들이 예언 사상을 믿고 있었다는 것을 알 수 있겠지? 지금도 선운사에 가면 선명하게 보이는 배꼽을 확인할 수 있어. 불상 한가운데 배꼽처럼 보이는 네모난 장치를 만들어 놓은 이유는 무엇이었을까? 궁금하지 않니?

운주사 와불

 COMMENTS

 곽두기 : 선생님, 미륵불은 언제 나타나는 걸까요?

ㄴ 용선생 : 글쎄다. 불교의 경전에는 미륵불이 57억 년 후에 나타난다고
했거든…… 근데 지구 나이가 46억 년이야.

ㄴ 왕수재 : 컥!

한국사 퀴즈 달인을 찾아라!

달인 트로피

출발!

01 ★☆☆☆☆

순조, 헌종, 철종이 나라를 다스릴 때 조선에서는 ○○ 정치가 행해졌어. 왕을 허수아비로 앉혀 놓고, 몇몇 집안 사람들이 나라의 정치를 쥐고 흔드는 이것을 무슨 정치라고 했더라? ○○에 무슨 글자가 들어가야 하는지 아는 사람? (   )

02 ★★☆☆☆

조선 후기에는 수령과 아전들이 세금 제도를 이용해 농민들을 괴롭혔다고 했잖아. 그렇다면 다음 중 조선 후기에 농민들이 냈던 세금이 아닌 것은 무엇일까? (   )

① 환정   ② 전정
③ 녹읍   ④ 군정

03 ★★★☆☆

 얘들아, 세도 정치에 대해 아는 걸 말해 볼래?

 ① 몇몇 집안에서 권력을 독차지하고 자기네 집안의 이익을 앞세워 정치를 해 나갔던 것을 말해요.

 ② 안동 김씨와 풍양 조씨 집안이 대표적인 세도가였어요.

 ③ 세도 정치는 순조, 헌종, 철종 때까지 60여 년이나 이어졌어요.

 ④ 세도가들은 시대의 변화에 대응한 좋은 정치를 펼쳐서 나라를 안정시켰어요.

 이런, 혼자 딴소리를 하고 있는 아이의 번호는 (   )!

05 ★★★★★

오랜만에 등장한 서술형 문제! 백성들 사이에서 천주교와 동학이 왜 인기를 얻고 널리 퍼졌는지 간단히 써 볼까?

04 ★★★★★

장하다가 검색창에 어떤 단어를 검색했어. 이 검색어에 대한 설명으로 옳은 것을 골라 보자. (   )

검색 결과
1862년 진주의 농민들이 관리의 횡포에 분노하며 일으킨 봉기이다.

① 홍경래가 봉기를 이끌었다.
② 봉기가 전국적으로 퍼져 나갔다.
③ 평안도에 대한 차별에 반대했다.
④ 삼정이정청을 설치해 세금 문제를 완전히 해결했다.

• 정답은 307쪽에서 확인하세요!

떠나 볼까?

용선생 현장 강의

진주 대첩의 현장
진주에 가다

경상남도 서남부의 중심지에는 진주가 있어. 진주는 남강이 굽이굽이 흐르고 산이 에워싸고 있어 빼어난 경치를 자랑해. 치열했던 역사의 현장과 숨은 이야기를 만날 수 있는 진주로 떠나 볼까?

진주성

임진왜란 당시 진주 대첩의 현장, 진주성에 왔어. 김시민 장군은 이곳에서 3천여 명의 병사로 3만여 명의 일본군을 막아 냈지. 진주성 안에는 지휘 본부로 사용했던 촉석루가 있어. 촉석루에 오르니 남강과 진주 시내가 한눈에 보였지. 남강에서 유람선을 타고 바라본 촉석루는 빨갛고 노랗게 물든 단풍과 어우러져 참으로 아름다웠어.

촉석루 전쟁 때는 지휘 본부로 사용되었지만, 전쟁이 일어나지 않을 때는 과거 시험장으로 사용되었어.

○ 진주성 ○ 국립 진주 박물관 ○ 진주 농민 항쟁탑 ○ 진주 익룡 ○ 문산 성당
                                                        발자국 전시관

국립 진주 박물관

국립 진주 박물관은 진주성 안에 자리 잡고 있어. 이곳은 임진왜란을 전문적으로 연구하고 전시하는 곳이야.
친구들과 함께 생생한 영상을 보면서 임진왜란의 전개 과정을 알아보았어. 또 휴대용 무기인 승자총통도 체험했어. 대형 스크린에 승자총통을 쏘아 조선에 쳐들어온 일본군을 막아 냈지. 조선을 지키는 진짜 병사가 된 것만 같았어!

남강에서 유등 축제가 열린다고 해서 촉석루의 건너편으로 왔어. 진주 유등 축제는 임진왜란 때 몸을 바쳐 나라를 지킨 사람들의 넋을 위로하기 위해 등을 띄운 것(유등)에서 유래되었대. 색색의 유등과 저 멀리의 촉석루까지 보고 있으니 꿈나라에 온 것만 같았어.

남강 유등 축제 유등은 임진왜란 때 밤에 남강을 건너려고 하는 일본군을 막기 위해 사용되었다고도 해. 매년 10월에는 남강과 진주성에서 유등 축제가 열려.

진주 농민 항쟁탑

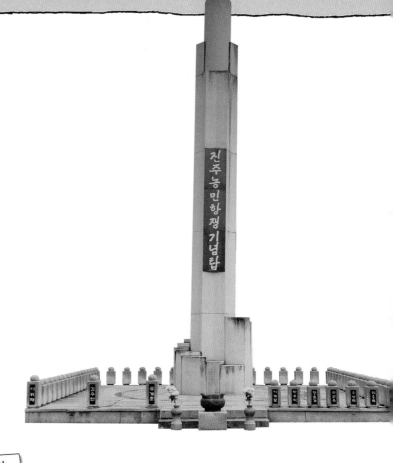

진주시 수곡면에는 1862년 2월에 일어난 진주 농민 항쟁을 기념하는 탑이 세워져 있어. 이곳은 옛날 수곡 장터가 열렸던 곳인데, 진주에서 가장 번화한 곳이었지. 바로 이곳에서 당시 탐관오리의 수탈을 견디다 못한 농민들이 너도나도 분노하며 들고일어난 거야. 탑 주위를 빙 두른 작은 돌기둥에는 당시 봉기를 이끌다 희생된 사람들의 이름이 새겨져 있었어. 이때 일어난 진주 농민 항쟁은 전국으로 퍼져나가 대규모 농민 항쟁이 되었지.

진주 익룡 발자국 전시관

지금으로부터 1억 1천만 년 전 진주에는 공룡이 살았대. 우리는 그 흔적을 볼 수 있는 진주 익룡 발자국 전시관에 갔어. 놀랍게도 진주는 익룡 발자국이 세계에서 가장 많이 발견된 곳이래. 전시관에서는 익룡을 비롯해 작은 공룡들의 발자국 화석들을 볼 수 있었지. 먼 옛날 진주의 하늘과 땅에 익룡이 가득했다니, 믿어지니? 전시관 천장에 매달린 익룡 모형과 다양한 화석 모형이 인상적이었어.

익룡 모형 및 익룡 발자국
진주에서 익룡 발자국 화석 뿐만 아니라 세상에서 가장 작은 공룡 랩터의 발자국 화석이 발견되기도 했대.

문산 성당

진주 최초의 성당인 문산 성당에도 가 봤어. 1923년에 지은 기와지붕의 한식 건물(강당)과 1937년에 지은 고딕 양식의 건물(본당)이 조화를 이루고 있었지. 건물들이 무척 예뻐서 드라마 촬영지로도 사용됐대. 동서양의 두 문화가 잘 어우러지는 것처럼 보여 신기했어.

우리는 진주 냉면을 먹으러 왔어! 진주 냉면은 조선 시대에 양반들만 먹을 수 있던 고급 음식이었대. 면 위에 올라간 육전과 해물을 우려낸 육수의 진하고 시원한 맛이 일품이었어.

진주 냉면

진주비빔밥도 진주에 오면 꼭 먹어야 하는 음식이야. 색색의 나물과 육회가 어우러져 보기에도 좋았어. 비빔밥을 쓱쓱 비벼서 한입 가득 먹으니 맛도 좋고 건강해진 기분이었지!

진주비빔밥

나라를 개혁하고 외세를 거부한
흥선 대원군

19세기 동아시아는 밀려드는 서양 세력 앞에 큰 혼란을 겪게 되었어.

조선도 예외가 아니었지. 이 중대한 시기에 조선의 운명을 책임지겠다고 나선 인물은

흥선 대원군이었어. 그가 내세운 다양한 정책들은 당대에도

여러 계층의 환영과 반발을 동시에 샀을 뿐 아니라, 오늘날까지도 평가가 엇갈리고 있단다.

당시 조선과 흥선 대원군에게는 그만큼 무거운 숙제가 주어져 있었던 거야.

과연 어떤 숙제들이었는지 알아보자.

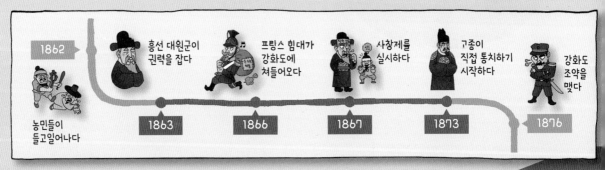

1862 농민들이 들고일어나다

흥선 대원군이 권력을 잡다 **1863**

프랑스 함대가 강화도에 쳐들어오다 **1866**

사창제를 실시하다 **1867**

고종이 직접 통치하기 시작하다 **1873**

강화도 조약을 맺다 **1876**

알고 있는 용어에 체크해 보자!

☐ 호포제　　☐ 병인양요　　☐ 의궤
☐ 신미양요　　☐ 척화비

장하다와 곽두기가 교실에 들어서니 웬일인지 교실이 조용했다. 나선애와 허영심, 그리고 왕수재까지 옹기종기 모여 앉아 책을 들여다보고 있었다.

"뭘 그렇게 열심히 봐? 재미있는 만화책이라도 새로 나왔어?"

장하다의 말에 왕수재가 "책이 어디 만화책뿐이냐? 쯧쯧" 하고 혀를 찼다.

운현궁 흥선 대원군의 집으로, 고종이 왕위에 오르기 전까지 살았던 곳이야. 고종이 왕이 된 후 대원군은 운현궁을 크게 고쳐 지었어. 서울 종로구 운니동에 있어. 사적.

"내가 가져온 역사책이야. 저번에 배운 세도 정치가 어떻게 됐는지 찾아보고 있어."

나선애가 웃으며 알려 주자 허영심도 설명을 보탰다.

"세도 정치를 끝낸 게 흥선 대원군이래."

"그게 누군데?"

"고종 임금의 아버지."

그러자 곽두기가 이상하다는 듯 고개를 갸웃거렸다.

"누나, 임금의 아버지면 그 사람도 임금님 아니야?"

"어, 그러네……. 흥선 대원군도 왕이었나?"

그때 어슬렁거리며 나타난 용선생이 영심의 말을 받았다.

"흥선 대원군은 대원군이지!"

"대원군이 뭔데요?"

용선생은 먼저 아이들에게 자리에 앉으라는 손짓을 했다. 다들 제자리를 찾아 앉은 뒤 용선생이 다시 입을 열었다.

"임금이 대를 이을 자손 없이 죽은 뒤 다른 왕족이 왕위에 오른 경우에, 그의 아버지를 대원군이라고 높여 부르는 거야. 지난 시간에 강화도에서 불려 와 왕위에 오른 철종까지 이야기했었지? 그런데 철종도 자식을 남기지 못하고 세상을 떠났어. 결국 또다시 왕족들 중에서 새 임금을 세워야 했고, 그렇게 선택된 사람이 26대 임금인 고종이었어. 그러자 그 아버지인 흥선군은 대원군이 된 거야."

 장하다의 호기심 사전

대원군

조선 역사상 대원군은 딱 3명뿐이야. 선조의 아버지 덕흥 대원군, 철종의 아버지 전계 대원군, 고종의 아버지 흥선 대원군. 그런데 아들이 왕이 될 때 살아 있었던 대원군은 흥선 대원군이 유일해.

"고종은 어떻게 임금으로 선택되었는데요? 또 안동 김씨들이 그랬나요?"

나선애가 묻자 용선생이 고개를 저었다.

"아니. 고종을 왕으로 세우는 데 제일 공이 컸던 사람은 바로 흥선군이야. 사실 이 무렵 왕족들은 너 나 할 것 없이 위태로운 신세였어. 자칫 안동 김씨들의 눈에 거슬리게 되면 살아남기도 어려웠거든. 안동 김씨들은 왕족들을 일일이 감시하며 똑똑하고 야무진 사람이 눈에 띄면 누명을 씌워서 유배를 보내거나 아예 죽여 버리기도 했어."

"왜요?"

"생각해 봐, 똑똑하고 야심 많은 인물이 왕위에 오르면 당장 안동 김씨들을 몰아내려 들지 않겠니? 그들이 계속 권력을 쥐고 있으려면 왕이 자기네 뜻대로 움직이는 만만한 인물이어야 할 거 아냐. 이런 상황에서 흥선군은 함

흥선 대원군(1820~1898) 흥선 대원군이 50세가 되던 1869년에 제작한 그림이야. 흥선 대원군의 본명은 이하응으로 원래는 왕위와 거리가 먼 왕족이었어. 그런데 그의 아버지가 정조의 동생인 은신군의 양자가 됨으로써 왕위에 가까워졌어. 세로 130.8cm, 서울역사박물관 소장. 보물.

부로 나서지 않고 때를 기다렸어. 왕족들에 관한 일을 맡아서 처리하는 종친부 관리를 지내면서도 조용히 맡은 일에만 충실했고, 높은 양반들보다는 중인 신분이나 일반 백성들과 어울려 지냈지."

"그럼 안동 김씨들한테 특별히 미움을 받진 않았겠네요."

"응, 하지만 흥선군은 속으로 엄청난 생각을 하고 있었어. 언젠가는 조정에서 세도가들을 몰아내고 자신의 손으로 왕권을 되살리고 말겠다는 생각이었지. 그는 안동 김씨들의 눈 밖에 나지 않도록 조심하는 한편, 자신의 편이 되어 줄 수 있는 사람들을 조용히 끌어모았어. 그중에는 궁궐의 제일 큰 어른인 조 대비도 있었지. 조 대비는 당시 안동 김씨들에게 밀려 힘을 쓰지 못하던 풍양 조씨 집안 사람이었어. 너희들, 순조가 안동 김씨들의 세력을 꺾으려고 아들 효명 세자의 부인을 풍양 조씨 집안에서 맞아들였다고 했던 거 기억하니?"

"아, 맞아요! 그런데 효명 세자가 일찍 죽어서 아들 헌종이 왕이 되었다고 했어요."

"그렇지! 그 효명 세자의 부인이 바로 조 대비였어. 그러니 조 대비가 안동 김씨들에게 불만이 큰 것은 당연한 일이었지. 흥선군은 자신의 야망을 이루기 위해서는 조 대비의 도움이 꼭 필요하리라는 사실을 알고 조 대비와 가까워지기 위해 노력했어. 자신의 딸들을 조씨 집안에 시집보내 자연스럽게 관계를 트고, 안동 김씨늘의 의

허영심의 인물 사전

조 대비
(1808~1890)
신정 왕후 조씨를 말해. 열두 살에 효명 세자의 빈이 되었고, 이후 헌종을 낳았어. 헌종이 효명 세자를 왕(익종)으로 추존하자, 그녀는 왕대비가 되었어.

심을 사지 않도록 조심하며 조 대비를 만났지."

허영심이 "호, 무서운 사람이었네" 하며 혀를 내둘렀다.

"이렇게 치밀하게 준비한 끝에 흥선군에게 기회가 왔어. 철종이 갑작스럽게 죽음을 맞게 된 거야. 그러자 조 대비는 흥선군의 아들을 다음 임금으로 세우겠다고 발표해 버렸어. 물론 흥선군과 미리 약속이 되어 있던 일이었지. 이렇게 해서 고종은 왕위에 오르게 되었어. 하지만 고종은 열두 살에 불과했기 때문에 직접 나라를 다스릴 수 없었어. 관례에 따르면 조 대비가 대신 나랏일을 맡아 하도

록 되어 있었지만, 실제로 권력을 잡게 된 것은 흥선 대원군이었어. 조 대비가 모든 권한을 그에게 넘겨준 거야."

"듣고 보니 흥선군이 직접 왕위에 오르면 될 거 같은데 왜 아들을 내세운 거죠?"

왕수재의 질문에 용선생이 "그건 좀 얘기가 복잡한데……." 했다.

"흥선군이 왕위에 오르는 건 아주 어려운 일이었어. 흥선군은 나이도 많은 데다 철종과는 육촌 형제 사이였거든. 족보상 철종의 형제뻘에게 왕위를 물려주는 것은 부자연스러운 일이었어. 흥선군도

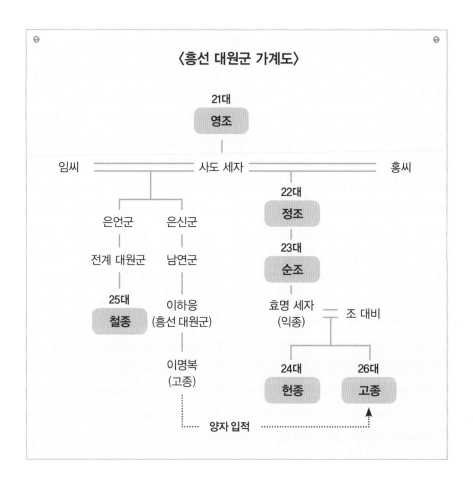

〈흥선 대원군 가계도〉

21대
영조

임씨 ━━━━━ 사도 세자 ━━━━━━━━━━━━━ 홍씨

은언군   은신군   22대
                         정조
전계 대원군 남연군   23대
                         순조
25대   이하응
철종   (흥선 대원군)   효명 세자 ─┬─ 조 대비
                         (익종)

         이명복   24대   26대
         (고종)   헌종   고종

         ┈┈┈┈┈ 양자 입적 ┈┈┈┈┈

자경전의 굴뚝 문양 대원군은 경복궁을 고쳐 지을 때 특별히 조 대비를 위해 '자경전'을 지었어. 십장생(오래 살고 죽지 않는다는 10가지)의 문양을 넣은 이 굴뚝은 조선의 궁궐에 있는 가장 아름다운 굴뚝으로 평가받고 있어. 보물.

그 사실을 잘 알고 있기에 스스로 왕이 될 생각은 일찌감치 접었던 거겠지."

왕수재가 천천히 고개를 끄덕였다.

 ## 흥선 대원군의 숨 가쁜 개혁 정치

"이렇게 해서 흥선 대원군이 하루아침에 정치를 도맡아 하게 되었으니, 안동 김씨들은 어안이 벙벙했겠지? 그런데 흥선 대원군은 이들이 미처 정신을 차리기도 전에 조정의 중요한 벼슬자리에 있던 사람들을 싹 갈아 치웠어. 한마디로 세도가들과 세도가에게 아부해서 벼슬을 얻은 관리들을 내쫓은 거야. 그러고는 왕족인 전주 이씨

들을 조정의 중요한 자리에 앉히고, 그동안 벼슬을 얻지 못했던 유
능한 인재들을 조정으로 불러들였지. 신분에 관계없이 능력 있는
사람들을 뽑아 벼슬을 내리기도 했어. 이렇게 해서 단번에 세도 정
치의 고리를 끊어 낸 흥선 대원군은 그동안 생각해 온 개혁안들을
한꺼번에 와르르 쏟아 냈어."

"어떤 것들이었어요?"

"백성들을 괴롭히던 세금 문제도 들어 있었나요?"

아이들이 기대에 찬 목소리로 물었다.

"그럼! 당시 이리저리 군역에서 빠지는 사람들이 늘어날수록 군
포를 내는 백성들의 부담은 더욱 커졌잖아? 흥선 대원군은 이 문제
를 해결하기 위해서 양반들도 군포를 내도록
했어. 군포는 신분을 가리지 않고 집집마
다 똑같이 내는 세금이라는 뜻에서 '호포'
로 바뀌었지."

"정말요? 백성들 짐이 좀 줄었겠네
요."

"응, 흥선 대원군은 환정도 뜯어고
쳤어. 그동안 환정을 둘러싸고 비리
를 저질러 온 관리들을 잡아들여 수
백 명을 귀양 보냈고 쌀을 1천 섬 이

나선애의 개념 사전

호포
'호'는 '한 집안'을
의미해. 신분을
가리지 않고 무조건
호 단위로 걷으면,
당연히 양반층도
군포를 내야 했겠지?

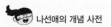

사창(社倉)
사(社)는 지금으로
말하면 '면' 정도쯤
되는 지방 행정
단위야. 창(倉)은
곡식을 두었던 곳을
가리켜. 즉, 사창은
각 면마다 두었던,
곡식을 빌려주는
기관이야.

상 빼돌린 관리는 사형을 시키기도 했지. 각 고을에는 환곡을 관리하기 위해 '사창'이라는 기관을 새로 설치했어. 그리고 형편이 넉넉한 고을의 사창에서는 곡식을 조금만 풀고, 주민들이 모두 가난한 고을에서는 곡식을 많이 풀도록 했지. 이 사창을 다스리는 우두머리를 고을 주민들이 직접 뽑도록 해서, 전처럼 못된 관리들이 자기 욕심만 채우기 어렵게 만들었어. 백성들에게 주는 것 없이 이자만 수시로 거두어들이던 환정을 다시 예전처럼 가난한 백성들에게 도움이 되는 제도로 바꾸고자 한 거야. 또 양반이나 대지주들의 땅 중에서 부당하게 세금을 면제받는 땅이 없는지를 조사해서 다시 세금을 매기기도 했지."

아이들을 둘러보던 용선생은 곽두기의 표정이 시원스럽지 못한 것을 보고 한마디로 간추렸다.

"즉, 흥선 대원군의 세금 개혁은 쉽게 말하면 이런 거였어. 우선 세도가를 몰아내자! 그리고 비리를 뿌리 뽑자! 또 양반에게도 세금을 내라고 하자!"

그제야 확실히 이해가 되는지 곽두기의 표정이 환해졌다.

"그럼 양반들은 흥선 대원군을 싫어했겠네요?"

"맞아! 특히 양빈들에게도 호포를 내라고

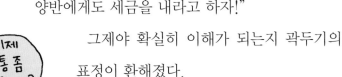

하니, 양반들은 온통 난리가 났지. 그뿐 아니라 흥선 대원군은 전국
적으로 서원을 싹 정리해 버렸는데, 이게 또 보통 일이 아니었어."

"잠깐! 서원을 왜 정리하죠? 서원이라면 성현들의 제사를 모시면
서 학문을 닦는 곳 아닙니까?"

왕수재가 손을 들어 올리고 물었다.

"응, 그런데 이 무렵에는 서원의 횡포가 이만저만이 아니었거든.
당시 서원은 나라에 낼 세금을 면제받도록 되어 있었는데 아무리
넓은 땅에 많은 노비를 갖고 있어도 세금을 낼 필요가 없으니, 이
런 제도를 이용하려는 서원이 전국적으로 엄청나게 많이 생겨나 있
었지. 나라에서 받는 혜택도 모자라서 서원의 유생들은 마을 양반
들이나 부자 농민들, 관리들한테까지 돈을 빼앗아 가곤 했어. 그래
서 흥선 대원군은 전국의 서원들을 딱 47개만 남기고 몽땅 헐어 버
리라고 한 거야. 그 바람에 각지에서 유생들이 한양으로 몰려들어

따져도 보고 애원도 해 보았지만, 흥선 대원군은 기어이 자신의 뜻대로 밀어붙였어."

"우아~ 세다!"

장하다의 감탄에 허영심도 신이 나서 "백성들한테 인기 최고였겠네요!" 했다.

"하지만 흥선 대원군의 개혁 정치는 백성들만을 위한 것은 아니었어. 흥선 대원군은 왕실의 무너진 권위를 다시 세우는 일이 무엇보다 중요하다고 생각했거든. 삼정을 개혁한 것도 백성들의 삶을 안정시킨 다음에 국가가 정확하고 공정하게 세금을 걷어서 나라의 살림살이를 마련하기 위한 목적이 있었던 거야."

"그럼, 서원 정리는요?"

나선애가 궁금한 듯 용선생을 재촉했다.

"세도가들을 몰아내고 서원을 정리한 것 역시 권력을 왕실에 집중시키려고 한 일이었어. 그리고 세금을 면제받는 서원도 줄어들었으니 이전보다 훨씬 많은 세금을 걷을 수 있었겠지?

"아~ 아."

아이들이 용선생의 설명에 고개를 끄덕였다.

"흥선 대원군은 온 세상에 왕실의 권위를 보란 듯이 내세우고 싶어 했어. 그래서 양난 이후에 국정을 총괄하던 비변사도 해체하고, 임진왜란 때 불에 탄 경복궁을 다시 짓는 사업도 했지. 문제는 이

토록 큰 사업을 벌이기
에는 여전히 나라 재정
이 너무나 안 좋다는 거
였어. 그래도 대원군은 막
무가내로 사업을 진행시
켜서 3년 4개월 만에 새
경복궁을 완성시켰지."

"재정이 안 좋다면서, 돈은 어디서 났대요?"

"나라 재정을 탈탈 털고, 왕족들이며 관리들, 양반들, 백성들, 그
러니까 온 나라 사람들한테서 돈을 걷었지. 심지어는 백성들이 4대
문을 통해 한양으로 드나들 때마다 문을 통과하는 '문세'를 걷기도
했어. 그러고도 돈이 모자라니 아예 '당백전'이라는 고액의 화폐를
찍어 내 사용하기도 했어. 하지만 억지로 만들어 낸 당백전은 값어
치가 매우 떨어지는 나쁜 화폐였기 때문에 경제 질서를 어지럽히
는 결과를 불러왔지. 이 과정에서 양반들은 물론이고 일반 백성들
도 대원군을 크게 원망하게 되었어."

"어쩐지 너무 얘기가 잘 풀린다 했네……."

장하다가 실망스러운 표정으로 중얼거렸다.

당백전   100냥의 가치를 지녔다는 뜻이야. 기존 화폐인 상평통보는 돈의 가치와 구리의 무게가
똑같았어. 예를 들어 상평통보 1냥을 녹이면 구리 1냥이 나오는 거지. 그런데 당백전은 구리의 무게가
상평통보의 5～6배에 불과했어. 그런데도 흥선 대원군은 '상평통보 100배의 가치가 있다'며 억지로
통용시켰지. '아주 적은 돈'이란 뜻의 '땡전'이 바로 당백전에서 유래했다고 해.

병인년, 서양 세력과 충돌하다

"자, 지금까지 이야기한 건 나라 안을 개혁하기 위한 흥선 대원군의 정책들이었어. 이번엔 나라 밖으로 눈을 돌릴 차례야. 이 시기는 안팎으로 아주 정신없던 때였거든. 지난번에 조선에 천주교 신자들이 꽤 늘었다고 이야기했지? 하지만 여전히 많은 조선인들은 조상에게 제사도 지내지 말라고 하는 서양 종교를 꺼림칙하게 여기고 있었어. 게다가 1860년에는 영국과 프랑스 군대가 청나라의 베이징을 점령해 버린 사건이 일어났거든. 그때껏 청나라가 제일 강한 나라라고 알고 있던 조선 사람들은 이 소식에 큰 충격을 받았어. '도대체 서양 오랑캐들은 얼마나 강하기에?' 하면서 서양 세력에 대해 바짝 긴장하게 되었어. 상황이 이랬으니 서양 오랑캐들의 종교인 천주교에 반대하는 분위기는 갈수록 더 커졌겠지?"

청나라 황실 정원(원명원)을 약탈하는 영국과 프랑스 연합군 　1856년 청나라 관리가 선박을 조사하다 영국 국기를 끌어내리자, 영국은 이를 빌미로 전쟁을 일으켰어. 청나라는 러시아의 도움으로 이 전쟁을 끝내고, 러시아에게 연해주를 내주었지. 그 결과 두만강을 사이에 두고 조선은 러시아와 직접 국경을 마주하게 되었단다.

아이들이 고개를 끄덕이자 용선생이 다시 설명을 이었다.

"그런데 마침 이때 조선에 있던 프랑스 신부가 자기네 나라에 비밀 편지를 보내려다 들킨 일이 생겼어. 조선에 프랑스 군함을 보내 달라는 내용의 편지였지. 흥선 대원군은 그전까지는 천주교에 비교적 너그러운 태도를 보였어. 프랑스 신부들과 정보를 주고받으며 서양 세력에 대응할 방법을 찾기도 했지. 하지만 안 그래도 양반들이 천주교를 몰아내야 한다고 목소리를 높이는 가운데 이런 일까지 생기자 대원군의 태도도 바뀌었지. 천주교를 탄압해서 완전히 뿌리를 뽑으려 한 거야. 결국 병인년인 1866년, 천주교 신자들과 9명의 프랑스 신부들이 처형을 당하고 말았어."

"으, 아예 죽여 버렸단 말이에요? 무섭다……."

허영심이 머리를 쩔쩔 흔들었다.

"그런데 병인년 여름, 또 다른 사건이 터졌어. 제너럴셔먼호라는 미국 선박이 대동강을 거슬러 올라와 평양까지 들어왔다가 불태워진 거야."

"어쩌다가요?"

"제너럴셔먼호는 물건을 팔러 온 상선이었어. 하지만 조선은 외국 배가 조선의 항구에 머물거나 물건 거래를 하는 일을 허락하지 않았어. 그래서 제너럴셔먼호가 황해도 바닷가에 나타났을 때부터 나라에서 물건 거래를 금지하고 있음을 알리고 돌아가라고 했어. 하지만

이양선 당시 조선 사람들 눈에는 이런 서양 배들이 굉장히 낯설었어.
그래서 서양 배를 '이양선(이상한 모양의 배)'이라고 불렀어.

그들은 막무가내로 평양까지 올라왔어. 이번에도 평양 관리들은 물건 거래를 할 수 없다는 사실을 알려 주고 그들이 원하는 대로 쌀이며 고기를 보내 주기도 했지. 하지만 제너럴셔먼호는 물러가기는커녕 오히려 고을까지 들어와서 물건을 훔쳐 가고 사람들을 괴롭혔어. 게다가 그들을 막으려 한 조선 관리를 잡아 가두고는 평양 주민들을 향해 대포와 총을 쏘아 댔어. 말은 장사를 하러 왔다고 하면서도 버젓이 배에 무기들을 잔뜩 싣고 들어왔던 거야."

"어쩜! 순 깡패 같은 사람들이었네!"

"평양에서도 군사들은 물론 잔뜩 화가 난 주민들까지 힘을 합쳐 활과 총을 쏘며 그들에 대항했지. 양쪽의 충돌이 점점 심각해지면서 제너럴셔먼호는 강의 하류 쪽으로 꽁무니를 뺐어. 그러다 썰물 때문에 대동강 물이 줄어들고 제너럴셔먼호가 여울에 걸려 꼼짝 못하게 되자 평양 관리들은 그 배를 조용히 내쫓을 수 없는 상황이라고 판단했고, 결국 배에 불을 질러 침몰시킨 거야."

"그러게 좋은 밀로 힐 때 돌이갈 일이지!"

문 열어! 우리 장사 좀 하자고!

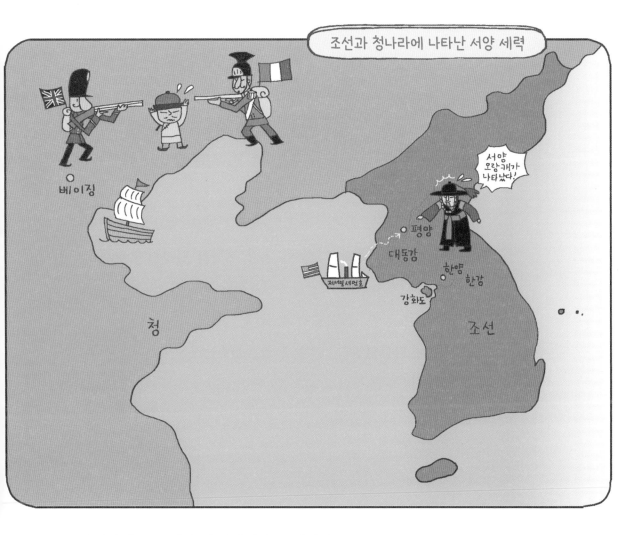

조선과 청나라에 나타난 서양 세력

장하다가 콧구멍을 벌렁거리며 소리쳤다.

"이 사건으로 인해 조선인들의 서양 세력에 대한 거부감과 경계
심은 더욱 커졌어. 그런데 그로부터 두어 달 뒤, 조선에 또다시 서
양 배가 나타났어. 이번엔 프랑스에서 온 군함이었어. 여러 척의
군함을 앞세운 프랑스군은 강화도로 쳐들어와서 조선이 자기네 나
라 신부들을 죽였으니 지기 니리힌데 배상을 하고 조선의 항┼를

열어 달라고 요구했어. 통상 수교를 하자는 거였지.”

용선생이 칠판에 ‘通商 修交’라고 쓰자, 곽두기가 뜻을 달았다.

“통할 통, 장사할 상, 닦을 수, 사귈 교. 서로 장사를 하고 또 친구도 하자는 뜻인가요?”

“응. 두 나라 사이에 공식적으로 외교 관계를 맺고 물건 거래를 하는 것을 말해. 그런데 이 무렵 서양 세력이 여기저기 다니면서 요구했던 통상 수교란 것은 자기네한테만 이득이 되는 불평등한 약속이었거든. 강한 나라가 약한 나라를 경제적으로 지배하기 위한 방편이나 다름없었지. 어떻게 불평등했는지는 다음 시간에 더 자세하게 알려 줄게.”

“그럼 조선이 프랑스랑 통상 수교를 하기로 한 거예요?”

나선애가 뒷이야기를 재촉했다.

“아니! 흥선 대원군은 프랑스군의 요구를 끝까지 거절했고, 끝내 프랑스군과 조선군 사이에는 치열한 전투가 벌어지게 됐어. 신식 군함과 무기를 앞세운 프랑스군은 순식간에 강화도를 점령하고 한양까지 넘보았지. 조선군은 어떻게 해서든 강화도를 되찾으려 애썼지만 쉽지 않았어. 이때 한성근 장군이 이끄는

관심 없음. 서양 오랑캐 접근 금지!

부대가 문수산성에서 프랑스를 막아냈고, 뒤이어 양헌수 장군은 전세를 확 바꾸어 버렸단다. 그는 정면 공격으로는 프랑스 군함의 화력을 이길 수 없다고 판단하고 밤중에 군사들을 이끌고 강화해협을 건너 정족산성으로 숨어들었어. 그리고 프랑스군이 나타나기를 기다려 일제히 공격에 나섰지. 프랑스군은 이 전투에서 크게 지고는 기가 꺾여 물러나게 되었어. 이 사건을 병인년에 서양 세력이 일으킨 난리라는 뜻으로 '병인양요'라고 불러."

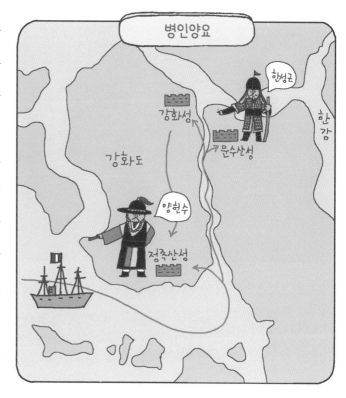

조마조마한 마음으로 귀를 기울이고 있던 아이들은 조선군이 이겼다는 말에 "후유" 하고 숨을 내쉬었다.

"하지만 프랑스군은 달아나는 순간까지도 횡포를 부렸어. 강화도에는 외규장각이 있었어. 정조 때 만들어진 외규장각은 나라에서 중요하게 여기는 특별한 책과 문서들을 체계적으로 보관하는 서적 창고였지. 그런데 프랑스군은 도망가면서 그곳에 있던 값나가는 물건들과 귀중한 서적들을 훔쳤고, 여전히 수천 권의 책들이 남아 있

강화도의 프랑스 군인들 프랑스군이 강화도 외규장각 주변에 모여 있는 모습을 그린 그림이야.

는 외규장각에 불을 질러 모두 태워 버렸어."

"어머, 왜 남의 문화재를 태워? 너무 못됐다!"

"훔쳐간 건 어떻고? 도둑놈들이네!"

"이때 프랑스로 옮겨진 책이 전부 340권이었는데 그 대부분은 바로 얼마 전까지만 해도 프랑스 국립도서관에 보관되어 있었어. 하지만 정부에서 이 책들을 돌려받기 위한 협상을 오래도록 해 온 끝에 최근 나름 큰 성과를 보았어. 1993년에 1권을 받은 적이 있고, 2011년에 296권을 받아서 총 297권의 의궤를 돌려받은 거야. 그런데 프랑스에서는 완전히 돌려주는 것이 아니라 빌려주는 것이라며 소유권은 넘기지 않았어. 하지만 이건 외교상의 형식일 뿐 실제로는 돌려받았다고 봐도 될 거야."

"훔쳐 갔던 주제에…… 빌려주긴 누가 누굴 빌려줘? 흥이다!"

나선애가 야무지게 코웃음 소리를 냈다.

이집트 벽화도 통째로 때에로 가는데 이쯤이야~

문화재 불태운 게 자랑이냐? 범죄라고 범죄!

돈 되는 책들

외규장각

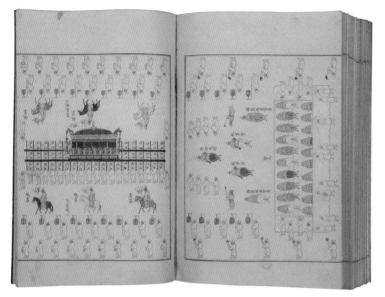

《숙종 국장 도감 의궤》 돌려받은 의궤 중 하나야. 100여 명의
가마꾼들이 조선 19대 왕 숙종의 관(재궁)을 실은 대여를 메고 장지로
향하고 있어. 외규장각에 보관되어 있던 의궤는 대부분 왕이 보는 용도로
특별히 제작한 어람용 의궤야. 이 의궤도 어람용 의궤로, 최고급 종이에
정성 들여 그림과 글씨를 작성하고 붉은 괘선을 둘렀어.

《헌종 경릉 산릉 도감 의궤》
돌려받은 의궤 중 하나야. 조선 24대 왕
헌종의 무덤인 '경릉'을 만드는 과정을
기록했어. 어람용 의궤로, 비단으로
표지를 만들고 놋쇠 물림으로 묶었어.

 ## 신미년, 미군이 물러간 뒤 척화비를 세우다

"프랑스군과 전쟁을 치른 뒤, 1868년에는 통상 요구를 거절당한
독일인 오페르트가 흥선 대원군의 아버지인 남연군의 묘를 도굴하
려다가 실패한 사건도 있었어. 이를 계기로 흥선 대원군은 서양 세
력에게 나라의 문을 열어선 안 된다는 생각을 더욱 굳히게 됐지.

강화도를 통해 한양으로 온 이양선

그리고 병인년으로부터 정확히 5년 뒤인 신미년, 즉 1871년에 또한 번 사건이 터졌어. 이번 상대는 미국이었어. 신미년에 서양 세력이 일으킨 난리라는 뜻으로 '신미양요'라고 하지. 강화도로 쳐들어온 미국 군함은……."

"응? 그런데 왜 또 강화도로 쳐들어온 건가요? 프랑스군도 강화도로 왔다면서요."

허영심의 말에 용선생이 "그거 좋은 질문이다!" 했다.

"강화도는 한양으로 들어오는 문턱이나 마찬가지야. 강화도에서 물길을 따라 들어오면 그대로 한강으로 이어지거든. 밖에서 보면 조선을 침입힐 장소로 아주 좋은 곳이고, 아에서 보면 나라의 안전을 위해서는 꼭 지켜내야 할 곳인 셈이지. 강화도로 쳐들어온 미군이 구실로 삼은 것은 몇 년 전에 평양까지 들어와 횡포를 부렸던 제너럴셔먼호였어. 그들은 그때껏 관심도 보이지 않던 제너럴셔먼호의 행방을 문제 삼으며 미국에 사과를 하고 배상을 해라, 그리고 항구를 열어 자기네와 통상 수교를 맺자, 이렇게 요구해 왔어."

"프랑스하고 똑같은 소리군. 조선은 이번에도 거절했겠네요?"

"맞아, 수재야. 강화도에서는 또다시 싸움이 벌어졌지. 이번엔 어재연 장군이 강화도의 광성진에서 미군과 맞서 싸웠어. 치열한 전투 끝에 어재연 장군을 비롯한 수백 명의 조선군이 모두 전사하고 말았지. 전투 결과로만 보면 미군이 크게 이긴 거야. 하지만 조선은 미군의 침략에 굴복하지 않고 절대로 그들과 통상 수교 조약을 맺을 생각이 없다는 뜻을 분명히 했어. 미군은 수십 일을 버티다가, 결국 통상 수교를 포기하고 돌아가 버렸어. 이렇게 서양 세

수자기를 빼앗은 미군

수자기는 당시 지휘관인 어재연 장군이 사용하던 깃발이야. 가로, 세로 각 4.5m의 노란색 천에 장수를 뜻하는 '수(帥)' 자를 새겼어. 미국 해군 사관 학교 박물관에 보관돼 있다가 2007년 대여 형식으로 돌려받았지. 현재 강화 전쟁 박물관에 소장돼 있어.

력과 두 번이나 맞붙은 뒤, 흥선 대원군은 적지 않은 자신감을 갖게 되었어. 그리고 앞으로도 절대로 서양 세력과는 교류를 하지 않겠다고 굳게 마음먹었지. 물건을 사고파는 일은 물론이고, 외교 활동이나 종교 활동도, 그 아무것도. 대원군은 이 뜻을 백성들에게 전하고 온 백성들의 마음을 하나로 모으기 위해서 종로 네거리와 전국 곳곳에 '척화비'라는 것을 세웠어."

"서양 배들이 그 난리를 쳤으니 그럴 만도 하다."

나선애의 말에 장하다도 "당연하지!" 했다.

"그런데 얘들아, 지금 역사가 흐른 뒤에는 이렇게 통상 수교를 거부한 대원군의 정책을 두고 잘한 일이다, 잘못한 일이다 하고 의견이 엇갈리고 있어."

"정말요? 왜 잘못했다는 거죠?"

"이때 일본이나 중국은 이미 서양 세력에게 나라의 문을 열고 그들의 과학 기술과 문물을 받아들였어. 하지만 조선은 문을 꼭꼭 걸어 잠겼기 때문에 그러지 못했고, 그 결과 발전이 늦어졌다는 거야."

"듣고 보니…… 그렇게 생각할 수도 있겠네요."

잠시 생각하던 왕수재가 고개를 끄덕거렸다.

"사실 당시에도 외국을 오가면서 서양 문물을 접한 신하들 중에는 이러다 조선만 뒤처지지 않을까 걱정하던 사람들이 있었어. 그래서 더 늦기 전에 서양 세력과 교류를 해야 한다는 목소리도 나오기 시작했지. 하지만 아직은 아주 조심스러운 목소리였어."

척화비
'서양 오랑캐가 쳐들어 오는데 싸우지 않으면 화해하여 친하게 지내자는 것이요, 그들과 화해하고 친하게 지내자고 주장하는 것은 나라를 팔아먹는 일이다'라고 새겨 넣은 비석이야.

 ## 고종이 직접 통치하기 시작하다

"이렇게 많은 일들이 벌어지는 사이에 흥선 대원군이 나랏일을 맡아 한 지도 10년이 흘렀어. 1873년, 어느덧 고종은 스물두 살이 되어 있었지."

"그럼 어린애가 아니잖아요. 직접 나라를 다스려야 되겠네요?"

"응. 게다가 이 무렵에는 대원군을 비판하는 상소가 빗발쳤어. 양반에게 호포를 물리고 서원을 정리한 흥선 대원군에게 불만이 많던 양반들, 유생들이 올린 상소였지. 결국 흥선 대원군은 뒷전으로 물러나고 고종이 직접 정치에 나서게 됐어. 그리고 이때부터는

고종의 왕비였던 왕비 민씨의 이름이 역사에 자주 등장하게 돼."

"왕비 민씨? 혹시 명성 황후를 얘기하시는 건가요?"

명성 황후를 소재로 한 공연을 본 일이 있는 허영심이 반가운 표정을 지었다.

"그래, 하지만 그 이름은 한참 뒤에, 그러니까 고종이 황제가 된 뒤에 붙여진 이름이니, 우리는 왕비 민씨라고 부르자. 왕비 민씨는 조용히 임금의 뒷바라지만 하는 왕비가 아니었어. 정치와 외교 문제에 적극적으로 나서며 나라에 중요한 일이 생길 때마다 고종에게 자신의 의견을 말했지. 고종 스스로도 나랏일을 결정할 때면 늘 왕비로부터 큰 도움을 받았다고 했대. 그런데 힘을 갖게 된 것은 비단 왕비뿐이 아니었어. 왕비를 대표로 한 그의 일가들, 민씨들

어새 국왕이 문서를 결재할 때 쓰는 도장을 말해. 국새, 옥새라고도 하지. 어새는 왕의 힘을 상징하는 것이라서, 세자가 왕이 되는 즉위식을 치를 때 꼭 어새를 넘겨받았어. 이 어새는 고종이 사용한 거야. 높이 4.9cm, 국립고궁박물관 소장. 보물.

이 조정의 중요한 자리를 차지하게 되었지."

"그럼 민씨들이 권력을 갖게 된 거네요?"

나선애의 말에 용선생이 고개를 끄덕였다.

"응, 민씨 세력은 흥선 대원군과는 여러모로 다른 정치를 펴 나갔어. 무엇보다 서양 세력에 대한 입장부터 달랐지. 민씨들은 서양 세력을 무조건 거부할 게 아니라, 그들의 앞선 기술이며 문물은 받아들여야 한다고 생각했어. 그래야 조선이 살아남을 수 있다고 여겼지. 그래서 민씨들은 서양의 외교관들과 가깝게 지내며 수시로 외국의 정보를 주고받곤 했어."

"조선도 결국 외국과 통상 수교를 하게 된 거군요?"

왕수재가 눈을 가늘게 뜨며 넘겨짚었다.

"아니, 아직 그런 건 아니야. 하지만 흥선 대원군이 물러난 뒤 외국 세력에 대한 조선의 태도가 달라졌다는 점은 누구나 알 수 있었지. 그러니까 어떻게 됐겠니? 이 나라, 저 나라에서 조선으로 와르르 몰려오기 시작했어!"

용선생이 말을 뚝 끊자 아이들이 침을 꿀꺽 삼켰다. 눈에 힘을 주고 뒷말을 기다리는 아이들에게 용선생은 "뒷이야기는 다음에!" 하고 말했다. 어쩐지 시원섭섭한 기분이 된 아이들이 입맛을 쩝쩝 다시며 허리를 펴고 몸을 비틀었다. 그 모습을 지켜보던 용선생이 넌

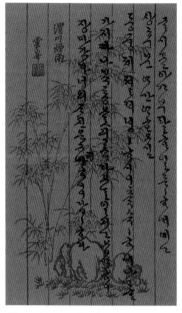

왕비 민씨의 편지 왕비 민씨 (1851~1895)가 직접 쓴 한글 편지로, '전하와 세자 모두 편안하고, 오늘 날씨도 좋다'는 내용을 담고 있어. 왕비 민씨가 쓴 편지는 지금까지 1,134통이 발견되었어.

지시 아이들을 불렀다.

"너희들, 배고프지 않니?"

"당연히 고프죠!"

"흠흠, 얘들아. 내용이 점점 복잡해지는데 너희가 이렇게 수업에 열심이니 이 선생님이 정말 기쁘구나. 마침 오늘이 선생님 월급날이기도 하니 특별히 너희한테 떡볶이를……."

용선생은 그럴듯하게 생색을 내 보고 싶었지만 아이들이 순식간에 가방을 챙겨 들고 나서는 바람에 말도 채 끝맺지 못했다.

"선생님, 빨리 가시죠!"

"응? 그래…… 가자! 으허허!"

나선애의 정리노트

1. 흥선 대원군, 세도 정치의 맥을 끊다

왕	순조	헌종	철종	고종
재위 연도	1800~1834	1834~1849	1849~1863	(1863~1907)
세도 가문	안동 김씨	풍양 조씨	안동 김씨	

└ 63년 만에
세도 정치 끝!
흥선 대원군 등장!

2. 흥선 대원군의 정책 정리

연도	정책	내용	결과
1865	경복궁 중건	경복궁을 고쳐 짓는 것	
1866	당백전 발행	경복궁을 짓기 위해 고액의 화폐 발행	백성들의 고통↑
1867	사창제 실시	사창 = 환곡을 관리하기 위한 기관⇒ 사창을 관리하는 우두머리를 고을 주민들이 직접 뽑음	백성들의 고통↓
1871	서원 철폐	서원을 47개만 남기고 모두 없앰	양반의 불만↑
1871	호포제 실시	양반, 평민 가리지 않고 모두 군포를 내는 제도	나라 재정↑ 양반의 불만↑

3. 외국을 대하는 흥선 대원군의 태도 변화

원래는?	·외국의 힘을 이용하자! ·천주교에도 너그러움
태도 변화의 계기	·영국과 프랑스 군대가 청나라 베이징을 점령한 사건 ·프랑스 신부가 조선에 군함을 보내 달라고 프랑스에 요청 ⇒ 외국 세력을 경계하게 됨
외국과의 충돌	·프랑스와의 충돌: 병인양요(1866) ·미국과의 충돌: 신미양요(1871)
결과	·척화비를 세움: 서양 세력과 화해하고 친하게 지내는 것을 경계

청나라와 일본, 항구를 열다

오늘은 이양선을 물리친 대원군에 대해 배웠어. 그런데 이양선은 청나라와 일본 앞바다에도 나타나 통상 수교를 요구했어. 왜 갑자기 이양선이 나타나기 시작했을까?

그건 18세기에 영국에서 시작된 '산업 혁명' 때문이야. 산업 혁명이란 사람의 노동 대신 기계를 이용해서 엄청나게 많은 물건을 생산하는 것을 말해. 물건을 많이 만들기 위해선 원료도 많이 필요하고, 물건을 팔 시장도 필요하겠지? 그래서 이들은 시장을 찾아 아시아까지 오게 된 거야. 영국은 청나라에 무역을 하자고 제안했고, 청나라는 이들에게 항구를 딱 하나만 열어 줬어. 하지만 영국은 청나라와의 무역에서 적자를 면치 못했어. 청나라의 차·도자기·비단 등이 서양에서 엄청난 인기를 끈 반면, 영국의 주력 상품인 면직물은 중국에서 인기가 없었거든.

영국은 적자를 메우기 위해 '아편'이라는 마약을 팔았어. 아편에 중독되는 사람들이 많아지자, 청나라 정부는 영국 상인들의 아편을 압수해서 없애 버렸어. 그러자 영국에서는 이를 트집 잡아 전쟁을 일으켰어. 이걸 '아편 전쟁'이라고 불러. 전쟁의 승자는 영국이었어. 청나라는 항구를 5개나 열었을 뿐만 아니라 홍콩을 넘겨주고 배상금까지 내야 했어. 이후 청나라에서는 서양의 기술을 배우자는 '양무 운동'이 일어나게 돼.

한편 영국은 일본에도 항구를 열라고 강요했어. 일본도 조선처럼 나라의 문을 꽁꽁 닫아걸었지. 그런데 영국이 청나라에 관심을 쏟는 사이, 미국이 군함을 이끌고 일본 앞바다에 나타났어. 일본은 결국 1858년 미국과 통상 수교를 하게 돼. 서양의 물건과 문화가 쏟아져 들어오며 일본의 경제와 사회가 큰 혼란에 빠졌어. 그러자 하급 무사들이 들고일어났어. 서양 세력을 막아내지 못한 막부를 몰아내자고 주장한 거지. 결국 막부는 쫓겨나고, 1867년 천황과 하급 무사들이 권력을 차지하게 되었어.

그런데 이들이 권력을 잡고 보니, 서양 세력을 몰아내는 것은 사실 불가능한 일이었어. 그래서 '서양 문물을 적극적으로 배우자'로 입장을 바꿨어. 10년 동안 500명이 넘는 사람을 서양에 유학 보내고, 서양식 정치·군사 제도를 들여온 거지. 이것을 '메이지 유신'이라고 불러. '유신'이란 '새롭게 한다'는 뜻이고, '메이지'는 일본 천황의 연호야.

아편 전쟁

 COMMENTS

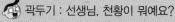 곽두기 : 선생님, 천황이 뭐예요?

↳ 용선생 : 천황은 일본에서 자기 나라의 왕을 높여 부르는 말이야. 우리나라에서는 일본에게 고통을 받은 경험 때문에 천황이란 말을 쓰지 말고 '일본 국왕' 혹은 '일왕'으로 부르자는 주장도 있어. 하지만 '천황'은 일본 역사의 산물이고 일본인의 세계관을 드러내기 때문에 경우에 따라 그 용어를 써야 할 때가 있단다. 선생님도 탐탁지 않지만 필요한 경우에는 '천황'이라는 말을 쓰도록 할게.

한국사 퀴즈 달인을 찾아라!

달인을 찾아라!

출발!

01 ★☆☆☆☆

흥선 대원군은 누구의 아버지일까?
(   )

① 세종　　　　　　② 효종
③ 고종　　　　　　④ 명종

02 ★★★☆☆

흥선 대원군은 여러 가지 정책을 추진했다고
했지. 다음 중에서 흥선 대원군이 하지 않은
일은 무엇일까? (   )

① 호포제 실시	② 경복궁 중건
③ 서원 철폐	④ 삼정이정청 설치
⑤ 당백전 발행	

03 ★★★★★

흥선 대원군이 다음 문제를 해결하기 위해
실시한 정책에 대한 설명으로 옳지 않은 것
은 무엇일까? (   )

이 세금은 가난한 백성들에게 나라에서 식
량을 빌려주는 제도에서 비롯되었으나, 차
차 곡식을 빌리지 않아도 관청에서 수시로
걷어가는 세금이 되었다.

① 환정의 문제를 해결하기 위해 실시했다.
② 각 고을에 사창이라는 관청을 새로 설치했
다.
③ 관청을 관리하는 우두머리를 고을 주민이
직접 뽑았다.
④ 경제 질서를 어지럽히는 결과를 불러왔다.

 ★★★★☆

선애가 역사 신문을 만드는 데 재미를 붙였나 봐. 이번엔 흥선 대원군과 서양 세력의 충돌에 대해 사설을 써 봤어. 그런데 빈칸이 보이네? 누가 이 빈칸 좀 채워 줘!

□□□는 왜 중요한가?

……만약 서양 세력이 우리 조선에 쳐들어온다면, 그들은 반드시 □□□로 올 것이다. 왜냐하면 □□□에서 물길을 따라서 올라가면 한양이 바로 보이기 때문이다. 실제로, 프랑스 신부들을 처형한 사건인 병인박해를 문제 삼아 프랑스 함대가 쳐들어왔을 때도, 미국 함대가 제너럴셔먼호를 문제 삼아 쳐들어왔을 때도 모두 □□□로 왔다.

하지만 기억하자. 우리 조선은 흥선 대원군이 나라 곳곳에 세운 비석인 ○○○에 따라 나라의 문을 굳게 지켜야 한다. 서양 세력과 수교하는 것은 나라를 파는 것이다! 따라서 서양 세력이 침입하는 관문인 □□□를 잘 지켜야 한다.

□□□ : (①   )   ○○○ : (②   )

04 ★★★★☆

두기가 오늘 배운 외국과의 전쟁에 대해 간단히 정리를 해 봤어.

	□□□□	◇◇◇◇
누가 쳐들어왔지?	프랑스	미국
무슨 일을 계기로 쳐들어왔지?	프랑스 신부 처형	제너럴셔먼호 사건
쳐들어와서 뭘 요구했지?	통상 수교	

외국이 쳐들어와 통상 수교를 요구한 이 두 사건의 이름, 친구들이라면 쉽게 알아맞힐 수 있겠지?

□□□□ : (①   )   ◇◇◇◇ : (②   )

• 정답은 307쪽에서 확인하세요!

나라의 문을 열고 개화 정책을 펴다

흥선 대원군이 물러난 뒤, 조선은 거센 변화의 물결에 휩쓸렸어.
그 시작은 강화도 조약이었지. 강화도 조약 이후 조선은 본격적으로
서양의 문물과 제도들을 받아들이기 시작했어.
그럼에도 조선은 여전히 준비가 부족한 상황이었지.
여러 나라에서 서로 조선을 차지하려고 군침을 흘리는 가운데,
조선은 점점 한 치 앞도 내다보기 어려운 상황으로 치닫게 되었단다.

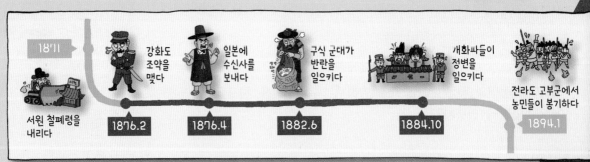

18'11	1876.2	1876.4	1882.6	1884.10	1894.1
서원 철폐령을 내리다	강화도 조약을 맺다	일본에 수신사를 보내다	구식 군대가 반란을 일으키다	개화파들이 정변을 일으키다	전라도 고부군에서 농민들이 봉기하다

갑신정변을 일으킨 급진 개화파들

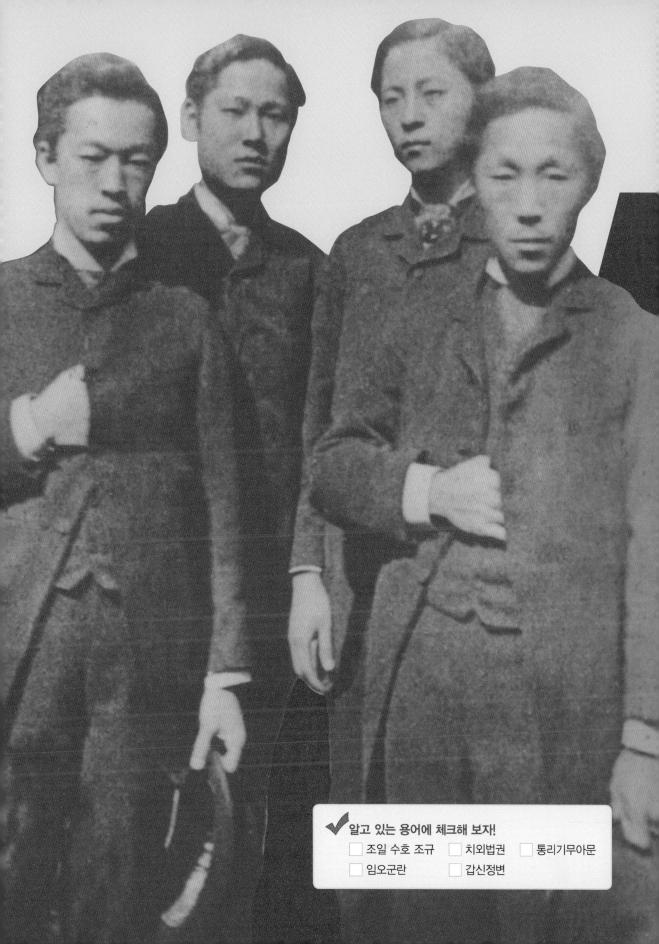

✔ 알고 있는 용어에 체크해 보자!

- [ ] 조일 수호 조규
- [ ] 치외법권
- [ ] 통리기무아문
- [ ] 임오군란
- [ ] 갑신정변

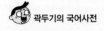

"왕수재! 어제 텔레비전에서 퀴즈 대회 하는 거 봤어?"

"야, 텔레비전 볼 시간이 어딨냐? 난 그때 영어 학원에 있었어."

"저번 시간에 우리 배운 거 나왔어. 왜, 조선에 왔던 배 있잖아. 제미럴…… 뭐지?"

"으휴, 아예 제기럴이라고 하지 그러냐? 제너럴셔먼호!"

"맞다! 그 미국 배! 근데 퀴즈 정답이 그게 아니었어. 운…… 무슨 호라던데. 그리고 선생님은 조선이 개항을 안 했다고 그러셨잖아. 근데 퀴즈에서는 개항을 했다더라? 선생님이 거짓말하신 건가?"

"혹시 그 배 이름이 운요호 아니었어?"

옆에서 역사책을 읽던 나선애가 끼어들었다.

"여기 운요호 사건과 강화도 조약이라고 나오네. 제너럴셔먼호 사건이랑 운요호 사건은 다른 것 같아."

이때 교실에 들어온 용선생이 그 모습을 보고는 감탄을 했다.

곽두기의 국어사전

운요호[雲揚號]
'구름이 높이 오르듯이 기세가 맹렬하다'는 뜻이야. 한자 운양호(雲楊號)를 일본식으로 읽은 거야.

"아니! 너희 지금 수업도 하기 전에 역사 토론을 하고 있는 거니? 요즘 왜들 이리 기특한 거야?"

용선생이 호들갑스레 칭찬을 늘어놓는데, 곽두기가 그만 찬물을 끼얹었었다.

"하다 형이 그러는데 선생님이 거짓말을 하셨대요!"

아이들 사이에서 오간 이야기를 전해 들은 용선생은 천천히 고개를 끄덕였다.

"장하다! 이 선생님을 의심하다니 괘씸한 일이다만, 다 역사 공부에 관심이 커졌기 때문이니 특별히 봐주겠다. 에헴! 지금부터 운요호 사건이 뭔지 시원하게 알려 주지."

일본과 조약을 맺고 항구를 열다

"홍선 대원군이 물러난 뒤 제일 먼저 조선에 손을 뻗친 것은 일본이었어. 일본은 진작부터 미국과 통상 수교를 맺고 재빠르게 서양 문물을 받아들인 뒤 빠른 속도로 국력을 키워 가고 있었거든. 그러다 1875년, 너희가 말한 운요호가 강화도 앞바다에 나타났어. 강

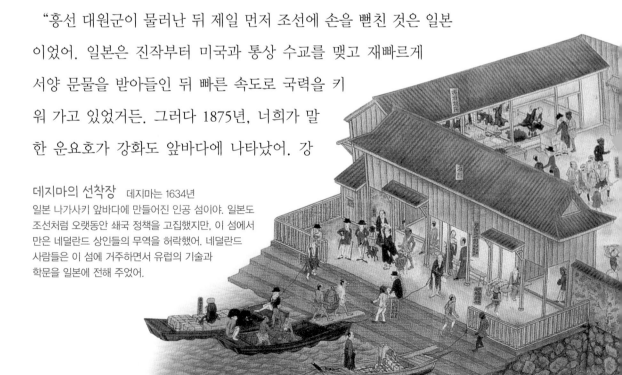

데지마의 선착장 데지마는 1634년 일본 나가사키 앞바다에 만들어진 인공 섬이야. 일본도 조선처럼 오랫동안 쇄국 정책을 고집했지만, 이 섬에서만은 네덜란드 상인들의 무역을 허락했어. 네덜란드 사람들은 이 섬에 거주하면서 유럽의 기술과 학문을 일본에 전해 주었어.

화도를 지키던 조선군이 멈추라고 했지만 운요호는 말을 듣지 않았지. 조선군이 경고하는 뜻으로 대포를 쏘았더니 운요호는 기다렸다는 듯이 조선 땅을 향해 포탄을 퍼부었어. 거기서 끝이 아니라, 영종도까지 올라가 마을에 불을 지르고 섬 사람들을 죽인 뒤에야 물러갔지."

운요호 1870년 일본이 영국에서 수입한 군함이야. 1875년 9월 강화도에 나타난 운요호는 초지진에 포격을 가했고, 그 다음날 영종진을 기습 공격해 35명의 목숨을 앗아 갔어.

"뭐야, 난데없이 웬 행패람? 다른 꿍꿍이가 있던 건 아니고요?"

"왜 아니겠니! 일본의 속셈이 뭔지는 그로부터 몇 달 뒤에 드러났어. 일본 관리가 여러 척의 군함과 400여 명에 이르는 군사들을 데리고 다시 강화도로 들어와서는 '조선군이 죄 없는 우리 배 운요호를 먼저 공격했으니 손해를 갚는 뜻으로 우리한테 항구를 열어 줘야겠소!' 이러는 거였어. 그러고는 자신들의 뜻에 따르지 않으면 당장 한양으로 쳐들어가겠다며 협박까지 했지."

"와, 어쩌면 다들 수법이 이렇게 똑같을 수가 있지? 그렇게 깡패처럼 구는데 누가 항구를 열어 주겠어요? 물론 조선은 싫다고 했겠죠?"

곽두기가 투덜거리며 묻자 용선생은 고개를 저었다.

"아니야. 결국 조선은 일본에 항구를 열고 통상 수교를 맺게 됐어. 당시 조정의 신하들 중에는 개방을 하는 세계의 흐름에 맞춰 일본과 교류를 하는 것이 낫다고 보는 이들도 있었고, 절대로 개항을 해서는 안 된다고 주장하는 이들도 있었어. 신하들의 엇갈린 의견을 두고 고종은 고민에 빠졌어. 이러지도 저러지도 못할 답답한 상황이었지. 그러는 사이에도 일본은 어서 두 나라 대표들이 만나 협상을 하자고 재촉을 해 댔어. 개항을 하지 않으면 조선을 공격하겠다는 일본의 협박도 빈말이 아니었어. 사실 이때 일본은 이미 군대를 앞세워 대만을 침공한 뒤였거든. 1876년 2월, 결국 조선은 일본 쪽의 요구대로 조약을 맺을 수밖에 없었어. 이게 바로 우리나라가 외국과 맺은 최초의 근대적 조약인 '조일 수호 조규'야. 강화도에서 맺은 조약이라 흔히 '강화도 조약'이라고 불리기도 해."

"근대적 조약이라는 게 뭔데요?"

곽두기가 손을 들며 물었다.

곽두기의 국어사전

조일 수호 조규
조선과 일본이 좋은 관계를 위해 맺은 약속이란 뜻이야.

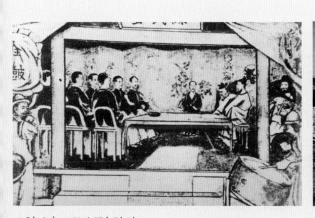

조일 수호 조규 체결 장면 1876년 1월 17일, 조선 관리 '신헌'과 일본 관리 '구로다 기요타카'는 조약의 내용을 협상하기 위해 강화도 연무당에서 회담을 가졌어. 두 사람은 길고 긴 협상 끝에 2월 3일 조일 수호 조규를 체결했지.

열무당 강화도에 있는 열무당은 군사들이 무예를 닦던 곳이야. 일본은 회담 중인 조선 대표단을 겁주기 위해 열무당에 기관총을 설치했어. 이후 인근 연무당으로 회담 장소가 옮겨져 조일 수호 조규가 최종 체결됐어.

"쉽게 말하면, 나라와 나라가 동등한 위치에서 서로 조약을 맺는 것을 말해. 다른 나라의 허락이나 간섭도 받지 않고 오로지 두 나라가 자기 나라의 이익이나 권리를 위해 약속을 맺는 거지."

용선생의 설명에 허영심이 고개를 갸우뚱거렸다.

"그렇담 일본은 왜 그렇게 협박을 하고, 조선은 왜 안 하려고 한 거죠?"

"그게…… 실제로는 불평등하기 짝이 없었거든. 어디, 어떤 내용이 있는지 볼까?"

용선생은 교탁 위에 놓인 컴퓨터를 켜 조약 내용이 적힌 화면을 띄웠다.

제1조. 조선은 자주국이며 일본과 평등한 권리를 갖는다.

"첫 번째 조항은 이렇게 이 조약의 성격이 근대적 조약이라는 점을 확실히 못 박아 두고 있어. 여기에는 이유가 있지. 그동안 이어져 온 청나라와 조선의 관계를 끊어 버리려는 거야. 그래야 일본이 조선을 간섭하기 쉬울 테니까."

제4조. 부산을 포함한 조선의 세 항구에 일본 사람들이 와서 마음대로 장사를 할 수 있도록 한다.

"언뜻 보기엔 장사만 하자는 건데 무슨 문제일까 싶지? 하지만 개항 이후 조선은 큰 피해를 보게 됐어. 왜냐? 이미 산업이 꽤 발달해 있던 일본에서 조선에 파는 것은 공장에서 만들어 낸 물건들이었어. 즉, 무한정 찍어 낼 수 있는 물건들이니 많이 가져와 팔수록 자기네한테 이득이지. 반면에 조선에서 사 가는 것은 주로 쌀이나 콩 같은 농작물이었어. 농작물은 매년 수확할 수 있는 양이 정해져 있잖아? 그러니 나라 밖으로 나가는 양이 많아질수록 국내에는 식량이 모자랄 수밖에."

제7조. 일본 사람이 조선의 해안을 마음대로 측량할 수 있도록 한다.

"측량이라니까 무슨 과학적인 연구라도 하는 것 같지? 하지만 이건 조선의 바다를 일본이 아무 때나 침범할 수 있도록 한다는 뜻이야. 이렇게 남의 나라 해안을 마음대로 조사할 수 있다면 군사 기밀에 가까운 그 나라의 중요한 지리적 정보들을 얼마나 손쉽게 얻을 수 있겠니?"

제10조. 일본 사람이 조선에서 죄를 지은 것이 조선 사람들과 관련된 문제일 경우에는 일본 관리가 심판하도록 한다.

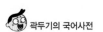

"조선에서 조선 사람들에게 피해를 준 일본인을 자기네가 알아서 하겠다는 거야. 즉, 일본 사람들이 조선에서 아무리 나쁜 짓을 하고 다녀도 조선 사람들은 그 죄를 묻고 벌을 줄 수 없다는 얘기지. 이런 것을 어려운 말로 치외 법권이라고 해."

용선생이 설명을 마치자 여기저기서 "어휴!", "우이씨!" 하는 소리가 터져 나왔다.

"조약 당시, 조선 사람들 중에는 큰 위기감을 느끼는 이들이 많았어. 특히 양반, 유생들은 끝까지 외국 세력에게 나라의 문을 열어 주어선 안 된다고 주장하면서 개항을 막기 위해 노력했지. 대표적인 예로 최익현은 도끼를 지고 궁궐 앞에 엎드려 조일 수호 조규에 반대하는 상소를 올리기도 했어. 일본은 이미 서양 세력과 똑같이 조선에게 해를 끼칠 존재가 되었으니 그들에게 항구를 열어 주면 곧 나라가 망한다는 거였어. 그러니 개항을 할 바에는 도끼로 자신의 목을 먼서 치라는 뜻이었지."

곽두기의 국어사전

치외 법권
다른 나라에 있으면서도 그 나라의 법이 아닌 자기 나라의 법으로 재판을 받는 권리를 말해.

최익현(1833~1906) 개항을 해서는 안 된다고 주장한 대표적인 사람이야. 경복궁 중건, 당백전 발행 등을 비판하는 글을 올려서 여러 번 유배를 갔어. 을사늑약 이후에는 군사를 모아 항일 운동을 하다가 1906년 쓰시마섬에 유배된 채 생을 마감했어. 세로 51.5cm, 국립제주박물관 소장. 보물.

"으, 도끼라니…… 정말 막고 싶었나 보네요."

허영심이 저도 모르게 목을 매만졌다.

"하지만 못 막았잖아요?"

"그래, 거기다 일본은 무역에 관한 조약인 조일 무역 규칙도 요구했단다."

"그것도 문제가 됐나요?"

왕수재가 용선생에게 물었다.

"우선 일본 상품에 대한 관세를 다룬 조항이 없었어. 보통 나라와 나라 사이에 물건 거래를 할 때는 관세라는 세금을 물려

곽두기의 국어사전

관세
주로 상품이 국경을 통과할 때 매기는 세금을 말해.

거래량이 지나치게 많아지지 않도록 조절해. 그래야 자기 나라의 산업을 지켜내고, 성장시킬 수 있으니까. 예를 들어 조약이 맺어진 뒤 일본이 조선에 판 대표적인 물건이 영국산 면직물이었는데 관세가 없으니 조선 사람들은 싼값에 면직물을 살 수 있었겠지. 하지만 면직물을 짜던 조선 사람들은 어떻게 됐을까?"

장하다가 "뭘 어떻게 돼요? 당연히 쫄딱 망했겠죠!"했다.

〈조일 통상 조약 체결 기념 연회도〉 조일 수호 조규의 가장 큰 문제는 조일 무역 규칙의 '관세'를 받지 않는다는 조항이었어. 7년 뒤인 1883년 7월 조선 정부는 일본과 '조일 통상 장정'을 맺어 그 조항을 수정했지만 일본은 이것을 제대로 이행하지 않았단다.

"맞아. 그러니 조선에서 면직물 산업이 발전할 가능성도 사라졌겠지. 그뿐이 아니야. 조일 무역 규칙에는 조선의 곡물을 일본으로 무한정 빼내갈 수 있도록 하는 조항도 있었어. 그 결과 쌀값이 크게 올라서 지주들은 부자가 되었지만, 조선 전체는 심각한 식량 부족 문제에 시달리게 되었지."

"그럼, 가난한 사람들은 더 힘들어졌겠네요."

나선애의 말에 용선생이 고개를 끄덕였다.

"한편 청나라는 조선이 일본과 조약을 맺고, 조선과 국경을 맞댄 러시아가 조선에 관심을 보이는 것을 보면서 불안해했어."

"이니, 우리가 더 불안하면 불안하지 왜 청나라가 불안해해요?"

"청나라는 조선이 자신을 섬기는 나라 중의 하나라고 생각했는데, 강화도 조약에서 조선은 자주국이다 하면서 그것이 부정됐잖아. 청나라는 이 문제를 해결하기 위해서 미국을 끌어들였어. 조선과 미국의 조약 체결을 도와주면서 조선이 청나라

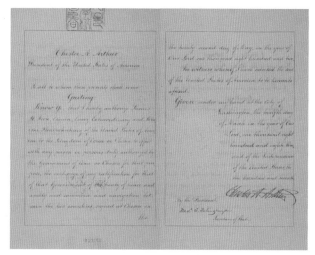

를 섬기는 나라라고 인정받고 싶었던 거지. 그 결과 청나라의 소개로 조선과 미국 사이에 '조미 수호 통상 조약'이 체결되었어."

"보나마나 그것도 불평등 조약이었겠죠?"

나선애의 질문에 답하는 용선생의 목소리에는 기운이 없었다.

"그래. 미국과 체결한 조약도 치외 법권과 최혜국 대우를 인정하는 불평등 조약의 틀을 유지하고 있었어. 이렇게 조선은 불평등한 개항을 하고, 그 뒤 개화 정책을 추진하기 시작했단다."

조미 수호 통상 조약문 1882년 조선은 미국과 조약을 맺으면서 미국에게 '최혜국 대우'를 해 줬어. 최혜국 대우란, 조선이 다른 나라에게 A라는 특권을 주면 미국도 A를 갖게 되는 것을 말해. 예를 들어 조선이 러시아에 금을 캘 수 있는 권리를 주면, 자동으로 미국도 조선에서 금을 캘 수 있게 되는 거지.

 ## 개화 정책의 추진 속에 싹튼 갈등

용선생이 칠판에 '開化'라고 쓰자, 언제나처럼 곽두기가 뜻과 음을 달았다.

박규수(1807~1877) 박지원의 손자로, 평안도 관찰사와 우의정을 지냈어. 1872년 청나라에 사신으로 다녀온 후 빠르게 변화하는 세계의 흐름에 관심을 갖게 되었고, 1874년 벼슬에서 물러난 후에는 젊은이들에게 개화의 필요성을 일깨워 주었어.

"열 개에 될 화, 열리면 뭐가 돼요?"

"응. 서양 문물과 제도를 받아들이는 걸 말해. 흥선 대원군이 통상 수교를 거부하는 정책을 펴고 있는 동안에도 조선에는 개화를 해야 한다고 생각하는 사람들이 있었어. 대표적인 사람이 박규수였지. 박규수는 사신으로 청나라에 여러 번 다녀오면서 서양 세력이 어떻게 청나라를 침략했는지, 그 과정에서 청나라는 어떻게 대응했는지를 가까이서 지켜보았어. 조선도 한발 앞서서 대응책을 마련하지 않으면 곧 같은 신세가 될 거라고 여겼지. 또 제너럴셔먼호 사건이 일어난 1866년에는 평안도 관찰사로 있으면서 직접 서양 세력과 맞닥뜨리기도 했지. 그래서 박규수는 이렇게 주장했어.

'세계의 흐름에 뒤떨어지지 않으려면 개화를 해야 한다. 서양의 발전된 문물을 보고 배우자!'

이런 박규수의 영향을 받은 양반가의 청년들은 한 걸음 더 나아가, 아예 조선의 체제를 서양식으로 뜯어고쳐야 한다고 생각했어. 이런 생각을 가진 이들을 개화파라고 불러. 대표적인 인물이 김옥균이었는데, 그는 개항 전부터 비밀 단체를 만들 만큼 개화에 앞장섰던 사람이야."

"하긴 개화에 반대하는 유생들이 보기에는 나라 팔아먹을 사람이
었겠네요. 비밀 단체를 만들 만도 하네."

나선애가 고개를 끄덕거리며 말했다.

"그래. 하지만 개항과 동시에 상황은 바뀌었지. 이때부터 민씨 세
력은 청나라와 일본 그리고 미국에까지 적극적으로 관리와 유학생
을 보내기 시작했어. 강화도 조약 직후에 일본에 보낸 관리들을 수
신사라고 부르고, 청에 보낸 관리들은 영선사라고 불러. 그리고 조
미 수호 통상 조약을 체결한 뒤 미국에도 보빙사를 보냈단다. 이렇
게 다른 나라에 다녀온 관리들은 그들이 발전된 모습을 보고 와서
개화 정책의 필요성을 이야기하기 시작했어. 이후 조정에서는 여러
개화 정책을 총괄하는 기구로 통리기무아문을 설치하고, 개항 이

 나선애의 개념 사전

영선사
영선사는 신식 무기
제조 기술을 배우기
위해 청나라에
파견된 유학생들을
인솔하는 역할도
맡았어. 학생들을
인솔하기 때문에
'우두머리 영(領)'자를
붙였어.

수신사 행렬 1876년 조선은 수신사 75명을 일본에 보냈어.
전에는 일본으로 보내는 사신을 '통신사'라 했지만 '수교'를 맺게 된
뒤로는 '수신사'라 했어.

보빙사 일행 조미 수호 통상 조약을 체결한 뒤 미국이 조선에 공사를
파견하자 조선은 이에 대한 '답례 사절(보빙사)'을 보냈어. 보빙사는
민영익(앞줄 왼쪽에서 네 번째)이 이끌었는데, 귀국 후에 "나는 암흑
세계에서 태어나 광명 세계에 갔다가 다시 암흑 세계로 돌아왔다"고
말했대.

후에 성장한 개화파를 등용해서 적극적으로 개화 정책을 추진했단다. 서양의 것을 본 뜬 관청과 제도들이 생겨나기 시작했어. 군사력을 강화하기 위해 신식 군대인 별기군을 만들고, 영선사 김윤식과 함께 청나라로 간 기술자들은 무기 제조를 배워와 무기 제조 공장인 기기창을 지었지. 또 신문과 잡지를 출간하는 박문국, 우편을 담당하는 우정국도 모두 이때 세워진 것들이야."

"와, 그럼 조선은 이때 정말 많이 달라진 거네요?"

허영심이 기대에 차 눈을 깜박거렸다.

"응. 조선은 이때부터 서양 문물을 정식적으로 받아들이고, 성리학적 제도와 질서에서 벗어나 근대적인 나라의 모습을

곽두기의 국어사전

박문국
박문국은 글을 널리 펴내는 기관이란 뜻이야.

《한성순보》 1883년에 만들어진 우리 역사 최초의 근대 신문이야. 열흘에 한 번씩 발행했고, 주로 서구의 문물을 소개했어.

우정국 우리 역사 최초의 근대식 우체국이야. 조선에도 '역참 제도'라고 하여 교통과 통신을 담당하는 제도가 있었는데, 그걸 근대식으로 고친 거야. 1884년 지금의 서울 종로구 견지동에 세웠는데, 지금도 건물 일부가 남아 있어.

갖추기 시작한 거야. 어려운 말로 하면 근대화의 길을 걷기 시작한 거지. 하지만 그 길은 결코 평탄한 길이 아니었어. 양반과 유생층을 중심으로 바른 정신 즉, 성리학은 지키고, 잘못된 서양의 문물과 사상은 물리쳐야 한다는 '위정척사 운동'이 전개되었거든. 유생들은 개항 이후 개화 정책을 추진하는 조정에 불만이 많았어. 영남 지역에서는 1만여 명의 유생들이 집단으로 상소를 올리는 일까지 벌어졌단다."

"그렇게 많은 사람들이 상소를 올리다니 조정에서도 깜짝 놀랐겠네요."

"집단 상소의 원인 중 하나는 수신사 김홍집이 가지고 온 《조선

일본의 기차 세계 최초로 기차가 만들어진 것은 1825년 영국에서의 일이었어. 일본은 1872년 영국인들의 지원을 받아 도쿄와 요코하마를 잇는 30km의 철도를 최초로 개설했어. 기차를 처음 본 사람들은 전율과 공포를 느꼈다고 해.

책략》이라는 책이었어. 청나라 관리가 쓴 이 책에는 '조선이 살아남으려면 청과 일본, 미국과 손을 잡아야 한다. 그래야 북쪽의 러시아 세력이 조선에까지 미치지 못하도록 막을 수 있다.'는 내용이 쓰여 있었어. 이 책이 조정에서 널리 읽히게 되자 유생들은 우르르 들고일어난 거야. 영남 지역뿐만이 아니라 전국의 유생들이 잇달아 상소를 올리며 《조선책략》을 조목조목 비판하고, 그런 책을 들여온 김홍집을 처벌해야 한다고 했지."

"그래서 김홍집에게 벌을 주었나요?"

"아니, 오히려 상소 운동에 앞장선 양반과 유생들에게 벌을 주었지. 그리고 이것을 계기로 위정척사 운동이 전국적으로 확산되면서 개화 정책을 둘러싼 갈등이 점점 커지게 되었단다."

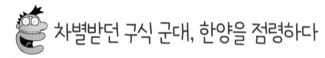

차별받던 구식 군대, 한양을 점령하다

"개화 정책을 통해 나라가 발전하면 좋은 거 아닌가요?"

곽두기가 눈을 동그랗게 뜨고 물었다.

"껍데기는 조금씩 달라지고 있었지만 속 내용은 발전이나 개혁하고는 거리가 멀었거든. 우선 백성들은 여전히 서양 세력에 대해 큰 거부감과 두려움을 가지고 있었어. 그런데 그 거부감과 두려움을

없애 주고 함께 강한 나라를 만들기 위해 노력해야 할 사람들은 제 역할을 전혀 하지 못했지."

"왜요?"

"조정을 손에 넣고 있던 민씨들은 나라의 앞날을 걱정하기보다는 자기네 잇속을 먼저 차렸거든. 뇌물을 갖다 바치는 사람들한테 벼슬자리를 나눠 주는가 하면, 돈만 내면 죄인도 마음대로 풀어 줬지. 백성들이 시달렸던 건 두말할 나위 없었지. 오죽하면 조선에 파견되었던 미국 관리는 자기네 나라에 보낸 보고서에 이렇게 썼어.

'민씨 일가가 조선의 거의 모든 권세와 부귀 있는 자리를 독차지

일본인 거주지와 조선인 거주지
목포가 개항되자 일본인들이 많이 옮겨 와 살았어. 일본인들이 사는 곳은 번듯한 기와집이었고, 조선인들이 사는 곳은 초가집이었어.

해서 백성들의 미움을 크게 사고 있다.'

게다가 개항 이후 일본으로 실려 나가는 곡식이 점점 많아지는 데다 가뭄까지 겹치면서 백성들의 굶주림은 정말 심각한 지경이었어."

"아휴, 조선 백성들은 언제쯤 돼야 잘살 수 있게 될까?"

나선애가 이마를 찌푸리며 중얼거렸다.

"그뿐이 아니었어. 일본과 미국에 항구를 열어 준 조선은 이제 더 이상 통상 요구를 거절할 만한 핑곗거리가 없었기 때문에 곧 영국, 독일, 러시아, 프랑스 등 여러 나라에도 항구를 열고 교류하기 시작했어. 일본, 미국과의 조약처럼 불리한 조약이었지. 이제 조선은 빨리 정신을 차리고 세계 무대에 적응해야하는 상황이 되어 버렸단다. 그런데 이 와중인 1882년, 한양에서 큰 사건이 벌어졌어. 구식 군대가 난을 일으킨 거야!"

"난? 반란 말이에요?"

"응. 새로 만든 서양식 군대인 별기군은 대우가 아주 좋았거든. 머리끝부터 발끝까지 번쩍거리는 차림새부터가 달랐지. 그런데 원래부터 있던 구식

별기군 특별한 기술을 배우는 군대란 뜻이야. 양반집 아들들로 꾸려졌어. 이들은 일본인 교관에게 교육을 받고, 구식 군대에 비해 의복이나 식량 등에서 우대를 받았다고 해.

군대는 1년도 넘게 월급조차 받지 못하고 있었어. 군사들은 참고 참았지만 밀린 월급이 나오자 그만 폭발해 버렸어. 겨우 한 달 치 월급이 쌀로 나왔는데, 잔뜩 묵은 쌀에 모래까지 섞여 있었거든.”

“뭐야! 똑같이 나라를 위해서 싸우는 군인인데 그러면 안 되죠!”

장하다가 눈을 부릅떴다.

“잔뜩 화가 난 군사들은 무기를 든 채 한양 여기저기를 휩쓸고 다녔어. 이 사건을 임오군란이라고 해. 당시 민씨 세력의 부패한 모습이며 그들이 추진하는 개화 정책에 불만이 컸던 백성들 중에도 군사들의 편을 든 사람들이 많았어. 군사들은 민씨들의 집으로 쳐들어갔어. 군사들에게 월급으로 줄 쌀을 10만여 섬이나 떼어먹은 민겸호를 비롯해 그동안 원한을 많이 산 몇 명은 군사들의 손에 죽

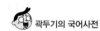 곽두기의 국어사전

임오군란
'임오년(1882년)에 군사들이 일으킨 난리'라는 뜻이야.

게 됐지. 그리고 가뜩이나 곡식이 모자란 상황에서 쌀을 비싼 값에 되팔아 이득을 보던 시전 상인들도 공격의 대상이 되었어. 군사들은 신식 군대의 훈련을 맡고 있던 일본인 교관을 죽이는가 하면 일본 공사관도 공격했어. 그리고는 조정에서 민씨들을 내쫓은 뒤 다시 흥선 대원군을 데려왔어. 이때 군사들이 왕비까지 붙잡아 해치려 하는 바람에 왕비 민씨는 지방으로 도망을 쳤지."

"어? 그럼 흥선 대원군이 다시 권력을 차지하게 된 건가요?"

왕수재의 질문에 용선생이 애매한 표정을 지었다.

"그렇긴 한데, 금방 또 물러나야 했어. 청나라 군사들이 들이닥쳤거든. 당시 민씨 세력 아래서 일하고 있던 김윤식과 어윤중이 청나라에 사신으로 가 있다가 이 소식을 듣고 도움을 요청한 거야. 안

그래도 조선에서 영향력이 약해진 상황에 불만이 많던 청에서는 잽싸게 군대를 보냈지. 그들은 난을 일으킨 조선 군사들을 닥치는 대로 잡아 가두고 처형했어. 그리고 군사들을 부추겨 반란을 일으키게 만든 것이 흥선 대원군이었다면서 그를 아예 청나라로 끌고 가 버렸어. 임오군란은 이렇게 해서 한 달 만에 끝나고, 다시 민씨들이 권력을 잡게 됐지. 게다가 일본도 구경만 하고 있지 않았어. 그들은 임오군란 때문에 자기네가 입은 피해를 보상하라며 목소리를 높이는가 하면, 조선에 있는 일본인들을 보호해야겠다는 구실로 군사들을 보냈단다."

엎치락뒤치락하며 빠르게 전개되는 이야기에 아이들은 숨소리도 크게 내지 않은 채 집중했다.

"이거 뭐, 완전히 난리판이네!"

태극기 임오군란이 일어난 후 박영효는 일본에 사과를 하러 가게 되는데 이때 처음으로 태극기를 조선 국기로 사용했다고 해. 사진 속 태극기는 고종의 외교 고문이었던 미국인 데니가 소장해온 거야. 1890년 이전에 제작된 것으로 보여. 세로 182.5cm, 국립중앙박물관 소장. 보물.

 ## 3일 만에 끝난 혁명, 갑신정변

"이렇게 해서 어찌어찌 한양이 다시 조용해지기는 했지만 더 큰 문제가 남게 되었어. 청나라가 조선을 자기네 마음대로 간섭하기 시작했거든. 임오군란 직후에 조선은 청나라에 속한 나라임을 밝히고, 청나라 상인들에게 특권을 주는 규약을 맺는가 하면, 아예 수십 명의 관리를 보내서 조선의 경제며 정치, 외교 문제에 참견했어. 게다가 개화 정책을 추진하던 개화파들도 임오군란 후 온건 개화파와 급진 개화파로 나누어지기 시작했단다."

"어휴, 갈수록 태산이구나."

"개화파 중에서 김윤식, 어윤중, 김홍집 같은 관리들은 전통적인 유교, 도덕, 청나라와의 관계는 유지하면서 청나라를 통해 서양의 기술을 배워서 나라의 힘을 키우자고 주장했어. 물론 청나라 덕분에 권력을 찾을 수 있던 민씨 세력은 청나라가 이끄는 대로 따라갈 수밖에 없었지. 이렇게 서양의 기술만 받아들이면서 조금씩 개혁을 진행하려고 했던 이들을 온건 개화파라고 불러."

"청나라에 의지하는 게 무슨 개혁이에요?"

장하다의 볼멘소리가 터져 나왔다.

"그래, 하다야. 너처럼 생각한 사람들이 그때도 있었어! 청의 간섭이 심해지고, 조정과 일부 개화파는 청의 간섭을 받아들이기까지 하니 김옥균, 박영효, 홍영식, 서광범, 서재필 등의 젊은 관료들은 마음이 급해졌지. 이들을 급진 개화파라고 하는데, 그

조선을 간섭하는 청나라
임오군란 이후 청나라는 군대를 한양에 남겨 놓고 나랏일을 간섭했어. 그 모습을 풍자한 그림이야.

들은 조선이 근대적인 나라로 거듭나려면 지금 당장 청나라의 간섭에서 벗어나야 한다고 여겼어. 그러기 위해서는 민씨 세력을 몰아내고 자신들이 직접 나랏일을 책임져야 한다고 생각한 거야. 하지만 이런 생각을 갖고 있던 급진 개화파들은 조정에서 밀려나고 말았어."

"민씨 세력을 몰아내기는커녕 오히려 쫓겨났네요."

장하다가 허무한 표정을 짓자 용선생은 지금부터가 시작이라며 목소리를 한층 낮추었다.

"그들이 어떻게 하면 민씨 세력을 무너뜨릴 수 있을까 궁리하던 중, 그들에게 기회가 왔어!"

"무슨 기회였는데요?"

"조선에 있던 청나라 군사들 중 절반이 청으로 돌아가게 된 거야. 청나라가 프랑스와 전쟁을 벌이느라 군사들이 필요해졌기 때문이었지. 김옥균 등은 큰일을 꾸몄어. 청나라 세력과 민씨 세력을 한

갑신정변을 일으킨 급진 개화파들 갑신정변을 이끈 사람들이야. 왼쪽부터 박영효(23세), 서광범(25세), 서재필(20세), 김옥균(33세)이야. 이들 모두 상투를 자르고 양복을 입고 있어.

꺼번에 몰아내고 조선을 확 바꾸기로 한 거야! 때마침 우정총국이 문을 연 것을 축하하는 잔칫날, 민씨 세력의 중요한 인물들이 한자리에 모이기로 되어 있었어."

"그래도 청나라 군사들이 다시 들이닥치면 어쩌려고요?"

나선애가 고개를 갸웃거리며 물었다.

"그래서 그들은 만일을 대비해 미리 일본 쪽에 도움을 청해두었지. 일본은 여차하면 군사도 보내 주고 돈도 빌려주겠노라고 했어. 그들은 몰랐겠지만 일본은 이 기회에 청을 밀어내고 자기네가 그 자리를 차지하면 되겠다 싶었던 거야."

왕수재가 안경을 치켜 올리며 용선생을 바라봤다.

"청나라 손에서 벗어나려 한다면서 일본에는 도움을 받는다니 좀 말이 안 되는데요?"

"사실 이들은 청나라는 거부했지만 일본과는 꽤 가깝게 지내고 있었어. 무엇보다 그들은 서양의 기술만 받아들이는 것이 아니라 정치, 사회 제도까지 개혁한 일본의 모습을 조선의 개혁 방향으로 생각했거든. 그러니 일본은 자신들을 도와주고, 개혁 방향을 제시해 줄 안내자라고 여긴 거야."

용선생은 침을 한번 삼킨 뒤 말을 이었다.

"드디어 우정총국 잔칫날! 그 자리에 모인 사람들은 아무것도 모르고 술잔을 나누고 있었어. 그런데 갑자기 '불이야!' 하는 소리가

들리더니 밖에서 뻘건 불길이 치솟았어. 사람들은 허둥지둥 우정 국 밖으로 나왔어. 그들을 기다리고 있는 것은 시퍼런 칼날이었지. 이날 급진 개화파들은 민씨들과 관리들을 한자리에서 모두 죽이지 는 못했어. 제일 먼저 밖으로 나섰던 민영익이 칼에 맞은 채 다시 안으로 들어오는 바람에 다른 이들도 상황을 눈치챘던 거야. 그래 도 결국 여러 명이 목숨을 잃게 되었고, 김옥균 등은 고종에게 상 황을 알리고 왕과 왕비를 보호하겠다며 경우궁으로 옮겼어. 경우궁 주변은 일본군이 지키도록 했지. 이렇게 해서 급진 개화파의 계획

갑신정변
'갑신년(1884년)에
일어난 정치상의 큰
변화'라는 뜻이야.

은 겨우 성공했어. 1884년에 일어난 이 사건을 갑신정변이라고 해."

긴장이 풀린 아이들이 긴 숨소리를 냈다.

"급진 개화파는 다음 날 당장 새로운 정부를 꾸리고 새 정책들을 발표했어. 그중 몇 가지만 살펴보자."

- 청에 잡혀 간 흥선 대원군을 즉시 데려오고, 앞으로는 청에 조공을 바치지 않고 왕의 나라로 떠받들지도 않는다.
- 양반 중심의 신분 제도를 없애고 인민 평등권을 세워 능력에 따라서 관리를 뽑는다.
- 토지세 제도를 고쳐서 관리들의 부정부패를 막고 백성들을 보호하며 나라의 재정을 튼튼히 한다.
- 조정 관리들은 의정부에 모여 법령을 정하고 시행한다.

"청나라와의 관계를 바로잡자는 것이나 토지세를 고치자는 조항은 따로 설명하지 않아도 이해하겠지? 신분 제도를 없애고 인민 평등권을 세운다는 것은 조선이 지금까지와는 완전히 다른 나라가 된다는 것을 뜻해. 더 이상 양반도, 또 노비도 없고, 누구나 똑같은 권리를 가진 나라의 백성이 된다는 거니까. 조정 관리들이 법령을 정한다는 원칙은 요즘의 정치 제도하고도 비슷하다고 할 수 있어. 왕 중심의 정치에서 벗어나 정부를 세우고 정부에서 만든 법에 따라 나라를 다스리려 한 거지."

"와, 싹 바뀌겠네!"

"정말 조선이 이렇게 달라지는 거 맞아요?"

아이들이 믿기지 않는다는 듯 한마디씩 하자 용선생
이 미안스러운 표정을 지었다.

"그게 말이야……. 다음 날, 모든 게 물거품이 되고 말
았어. 또 청나라 군사들이 몰려왔거든."

"그럼 싸우면 되잖아요? 예상 못한 것도 아니고, 아까 일본이 도
와준다고 했다면서요."

"일본에선 막상 도움이 필요한 상황이 되자 약속을 지키지 않고
꽁무니를 뺐어. 괜히 복잡한 싸움에 끼어들었다가 나중에 자기네
한테 불리한 일이 생길까 봐 그랬던 거지. 결국 급진 개화파의 갑
신정변은 단 사흘 만에 허무하게 끝나고 말았지. 홍영식 등 여러
명이 붙잡혀 처형되었고, 청나라 군사들에게 쫓긴 김옥균, 박영효,
서재필 등은 일본과 미국으로 도망쳐 버렸어. 청나라 군대의 도움
으로 다시 민씨 세력은 권력을 잡게 되었고, 청나라는 더 기세가
올라서 조선의 나랏일에 깊숙이 끼어들어 감 놔라, 배 놔라 하게
됐지."

가만히 듣고 있던 장하다가 답답한지 가슴을 퉁퉁 두드렸다

"일본이 배신을 못하게 도장이라도 받아놨어야 했는데!"

김옥균의 죽음
일본에서 망명 생활을 하던 김옥균은 1894년 중국 상하이로 갔다가 홍종우의 총에 목숨을 잃었어. 홍종우는 최초의 프랑스 유학생으로, 국왕을 위해 김옥균을 암살했다고 주장했대.

"그럼, 이제 일본은 조선에서 물러난 건가요?"

궁금한 표정의 곽두기가 용선생에게 묻자 용선생은 어두운 표정으로 설명을 이어 갔다.

"일본이 과연 그랬을까? 일본은 갑신정변 과정에서 자기네 공사관이 불에 타게 됐다면서 돈을 내놓으라고 하고, 군대까지 보냈어."

"오히려 돈을 달라고 했다고요? 갑신정변 때도 보내 주지 않은 군대는 왜 보낸 거죠?"

용선생의 말을 곰곰이 듣던 허영심의 목소리가 격양되어 있었다.

"일본의 협박에 조선은 일본에 공사관 신축 비용과 함께 배상금을 지급하기로 했어. 그리고 청나라와 일본 사이에 '톈진 조약'이 맺어졌지. 청나라와 일본은 어느 한쪽이 조선에 군대를 보내면 다른 쪽도 같이 군대를 보내기로 약속하고, 군대를 모두 자신들의 나라로 돌려보냈어."

"이게 다 너무 급하게 나서서 그런 거야. 힘도 없으면서. 다 외국으로 도망쳐 버렸으니 그 다음은 나 몰라라가 된 거잖아?"

왕수재의 말에 나선애도 고개를 끄덕였다.

"처음부터 남의 손을 빌리려고 하지 말았어야지."

잠자코 아이들의 이야기를 듣던 용선생이 입을 열었다.

"그래, 너희들 말이 다 조금씩 일리가 있구나. 어쨌건 급진 개화파들이 조선의 묵은 숙제들을 한꺼번에 해결하고 근대적인 나라로 거듭나기 위한 시도를 했던 것은 분명해. 하지만 그 과정에서 백성들의 뜻은 전혀 모으지 못했지. 갑신정변이 일어났을 때 대부분의 백성들은 젊은 관리들 몇몇이 일본을 끌어들여서 왕을 잡아 가두고 못된 짓을 꾸민 거라고만 여겼어. 만약 그들이 일본의 힘을 빌리는 대신 백성들에게 자신들의 생각을 알리고 백성들과 힘을 합쳐 나라를 개혁하려 했더라면 역사는 또 달라졌을지도 모르지."

"그치만…… 조선 백성들이 그럴 틈이 어디 있어요. 먹고살기도 힘든데……."

시무룩해진 장하다가 힘 빠진 목소리로 중얼거렸다. 그러자 용선생이 기다렸다는 듯 교탁을 탁 내리쳤다.

"그건 더 지켜보는 게 좋을걸! 조선 백성들이 맥없이 당하기만 할 사람들은 아니었다 이거지. 이젠 다시 백성들이 나설 차례야."

그 말에 귀가 번쩍한 아이들이 그게 무슨 말이냐고 물었지만, 이미 수업 시간이 끝난 지 한참이나 지난 뒤였다.

"궁금하지? 힌트는 녹두 장군이야. 녹두 장군에 대해 찾아볼 것! 다음 시간까지 숙제다. 그럼 오늘 수업은 여기서 끝!"

"녹두? 그거 콩 아냐?"

"빈대떡 해 먹는 건데!"

"그럼 녹두 장군이면 녹두만 먹는 장군인가?"

두런거리는 아이들을 뒤로한 채 용선생은 교실을 나섰다.

나선애의 정리노트

1. 강화도 조약

정식 명칭	조일 수호 조규
과정	운요호 사건 → 일본의 협박
특징	·외국과 맺은 최초의 근대적 조약, 불평등 조약 ·외국 문물을 정식으로 받아들이는 계기

2. 개화를 위한 여러 가지 노력

수신사, 영선사	나라에서 사람들을 외국에 보냄 → 발전된 문물을 직접 보고 오게 함
우정국	근대식 우편 제도를 도입함
별기군	서양식 군대를 만들어 군사력을 강하게 함
박문국과 《한성순보》	신문을 통해 서양의 문물을 소개함

3. 개화 정책에 반대한 사람들

　- 최익현 : 강화도 조약에 대한 반대 상소

　- 영남의 유생 만여 명 : 《조선책략》에 대한 비판

4. 임오군란과 갑신정변 총정리!

임오군란(1882년)	갑신정변(1884년)
구식 군인에 대한 차별 ↓ 구식 군인들, 들고일어남! ↓ 흥선 대원군이 정권 잡음 ↓ 청나라 개입(흥선 대원군 납치!) ↓ 청나라의 조선 간섭 ↑ ↓ 개화파 분열(온건 개화파 vs 급진 개화파)	·누가? 급진 개화파들(김옥균, 박영효 등) ·언제? 우정총국이 문을 여는 잔칫날 · 어떻게? 무력으로 새로운 정부를 꾸림 ↓ 청나라가 다시 개입 일본은 급진 개화파들을 배신 ↓ 실패로 돌아감. 청나라의 조선 간섭 ↑↑

임오군란과 갑신정변 사이에 ⇒ 표시

용선생의 역사 카페

역사계의 슈퍼스타,
용선생의 역사 카페에
오신 걸 환영합니다

Log in

게시판 ⌄

📄 역사가 제일 쉬웠어용!

📄 이제는 더~ 말할 수 있다!

📄 필독! 용선생의 매력 탐구

📄 전교 1등 나선애의 비밀 노트

침략을 부추긴 사상가, 후쿠자와 유키치

김옥균 등의 급진 개화파들은 대부분 일본에 수신사로 파견된 사람들이었어. 이들에게 절대적인 영향을 끼친 한 일본인이 있었으니, 바로 후쿠자와 유키치(1835~1901)야.

그는 스무 살 때 나가사키로 가서 네덜란드 말과 학문을 배웠어. 밤낮없이 공부에 힘써 실력을 쌓은 그는 게이오 의숙(훗날 게이오 대학)을 열고 네덜란드 말을 가르치기 시작했어. 이후 영어가 뜨고 있다는 사실을 알아차린 그는 독학으로 영어 공부를 해서 고급 영어를 술술 할 정도의 실력을 갖추게 됐지.

그 덕분에 미국, 유럽 등으로 가는 사절단을 수행하게 되었는데, 이때의 경험을 《서양 사정》이라는 책으로 펴내서 유명해지기 시작했어. 그 다음에 펴낸 《학문의 권유》는 370만 부나 팔릴 정도로 엄청난 베스트셀러였어. 일본인 열 명 중에 한 명이 사 볼 정도면 엄청 쉽고 재미있었던 모양이야.

이런 활동을 통해 후쿠자와는 다음과 같이 주장했어. "서양의 분녕을 가져와 우리 것으로 민들자. 그리고 위가 주도하여 일방적으로 개혁하지 말고, 국민들을 교육시켜 똑똑하게 만들어야 한다. 진정한 개화는 국민들이 깨어나는 개화다."

이런 후쿠자와의 주장은 일본 정치가들에게 엄청난 영향을 끼쳤어. 지금도 '일본 근대화의 아버지'로 불리는 그는 일본에서 가장 존경받는 인물 중 하나이자, 일본 최고액 화폐인 1만 엔권의 모델이기도 해.

한편 후쿠자와는 조선의 급진 개화파들에게도 관심이 많았어. 김옥균, 박영효, 윤치호 등을 만나 자주 토론했고, 이들이 귀국한 뒤에도 꾸준히 연락하며 조언을 해 줬어. 김옥균과 급진 개화파들이 갑신정변을 일으켰을 때도 지원을 아끼지 않았지.

그런데 사실, 그가 김옥균 등을 도운 이유는 따로 있었어. 일본을 무조건 신뢰하는 조선 급진 개화파들을 지배층에 앉혀 자연스럽게 조선을 일본에 흡수해 버리겠다는 속셈이었지. 그러니까 후쿠자와는 조선을 '평화롭게' 차지하고자 했어. 그러나 갑신정변이 실패하여 그럴 가능성이 사라지자, 후쿠자와는 조선을 총칼로 지배해야 한다는 입장으로 완전히 돌아섰어. 또 서양 사람들처럼 아시아를 침략하고 약탈하자고 주장했지.

후쿠자와 유키치

 COMMENTS

🐦 곽두기 : 엥? 근데 이런 사람을 '근대화의 아버지'로 부른다고요?

↳ 🍰 용선생 : 그동안 일본에서는 후쿠자와 유키치의 긍정적인 면만 부각되었어. 근데 일본인 학자들에 의해 그런 환상을 깨는 연구가 진행되면서, 그를 지폐 모델로 쓰는 것은 부적절하다는 움직임이 일기도 했어.

한국사 퀴즈 달인을 찾아라!

달인을 찾아라!

달인 트로피

출발!

01 ★★☆☆☆

이 사건들을 일어난 순서대로 다시 정리해 줄 사람?

① 운요호가 강화도 앞바다에 나타나다.

② 조선과 일본이 강화도 조약을 맺다.

③ 척화비를 세우다.

④ 대원군이 물러나다.

(　　　) - (　　　) - (　　　) - (　　　)

02 ★★☆☆☆

아이들이 강화도 조약에 대해 얘기를 나누고 있어. 그런데 딱 한 아이만 딴소리를 하고 있네. 그 아이는 누굴까? (　　　　　)

 ① 1876년에 일본과 조선이 맺은 조약이지.

 ② 일본은 운요호 사건을 핑계로 개항을 강요했어.

 ③ 항구를 열지 않으면 한양으로 쳐들어오겠다고 협박했지.

 ④ 그렇지만 강화도 조약은 매우 평등한 조약이었어. 덕분에 조선 경제가 발달했지.

 ⑤ 이 조약으로 인해 일본 사람들이 조선에 들어와 마음대로 장사를 할 수 있게 되었어.

03 ★★★★★

왕수재가 역사 노트를 정리하고 있어. 빈칸에 들어갈 사건에 대한 설명으로 옳지 않은 것은 무엇일까? (   )

〈□□□□〉
1882년, 구식 군인들은 신식 군인과의 차별된 대우에 분노해 군사를 일으켰다.

① 구식 군대는 1년 넘게 밀린 월급을 묵은 쌀과 모래로 받았다.
② 구식 군대는 민씨 정권을 내쫓고, 흥선 대원군을 데려왔다.
③ 구식 군대의 난은 청나라의 개입으로 한 달 만에 끝나고 말았다.
④ 난을 막은 뒤, 청나라는 왕비를 청나라로 끌고 갔다.

04 ★★★★☆

역사반 아이들이 가상 토론회를 꾸미고 있어. 토론회의 주제는 바로 '개화!' 토론회를 준비하는 아이들의 말을 들어 볼까?

 ① 일단 등장인물부터 정리해 보자. 개화파와 개화에 반대하는 사람들이 나와야 할 텐데. 개화파에는 김옥균, 박영효, 서재필 정도면 되겠지?

 ② 사진 자료를 사용하는 건 어때? 개화파들이 일본의 기차 사진을 들고 나와서, 조선에도 이런 걸 들여와야 한다고 주장하는 거야.

 ③ 〈곤여 만국 전도〉 같은 세계 지도도 자료로 보여 주자. 일본에는 이런 훌륭한 지도도 있다. 그러니 개화를 어떻게 안 하겠냐 이런 논리로 말이야.

 ④ 개화를 반대하는 사람들의 논리는 '서양 세력은 조선을 도와주려는 게 아니다. 그들은 조선을 삼키려 할 것이다' 이런 거겠지?

 ⑤ 그런 의미에서 조선이 외국과 맺은 조약을 하나하나 살펴보면서 왜 불평등한지 짚어 주자.

 저런, 혼자 딴소리를 하는 아이가 있네. 그 아이의 번호는? (   )

• 정답은 307쪽에서 확인하세요!

조선, 새로운 세상을 꿈꾸다

개항 뒤, 조선은 더 이상 한자리에 머물러 있을 수 없었어.

밀려오는 외국 세력에 마냥 휘둘리지 않으려면 개혁을 통해 스스로 강해져야만 했지.

변화를 원한 건 나라를 이끌어 간 권력층이나 지식인들만이 아니었지.

그 누구보다 새로운 조선을 원하고 있던 것은 이름 없는 백성들이었어.

새 세상을 향한 백성들의 열망은 동학이라는 종교와 맞물려

거대한 불길을 일으키게 되었단다.

1884.10
개화파들이 정변을 일으키다

1894.1
전라도 고부군에서 농민들이 봉기하다

1894.5
정부와 농민군이 조약을 맺다

1894.6
갑오개혁이 추진되다

1894.9
동학 농민군이 다시 봉기하다

1895.8
일본 자객들이 왕비 민씨를 죽이다

동학 농민군 백산 봉기

✔ 알고 있는 용어에 체크해 보자!
- [ ] 전봉준
- [ ] 동학 농민 운동
- [ ] 폐정 개혁안
- [ ] 집강소
- [ ] 갑오개혁

"너희들 녹두 장군이 누군지 알아봤니?"

미니버스가 전라도 땅에 들어서자 용선생이 물었다. "아 참!" 하면서 혀를 내미는 장하다와 그 옆에서 조용히 고개를 숙이는 곽두기. 하지만 다른 아이들의 표정은 꽤나 밝았다. 제일 먼저 왕수재가 백과사전을 복사한 종이를 펴 들고 대답했다.

"바로 동학 농민군 지도자 전봉준입니다! 조선 말기에 부패한 관리들을 처단하고 동학 조직 강화에 힘썼으며, 외세에도 항거했고, 또⋯⋯ 뭐 그렇습니다!"

어려운 말들이 줄줄이 이어지자 장하다가 "저게 다 무슨 말이냐" 하며 눈썹을 찌푸렸다. 허영심은 아빠로부터 들은 내용을 이야기했다.

"힘없는 백성들을 위해서 싸웠던 사람인데요. 키가 작아서 녹두 장군이라는 별명이 생긴 거래요."

다음은 나선애 차례였다.

"전봉준은 갑오년인 1894년에 일어난 농민 운동을 이끌었던 동학의 지도자였대요. 처음엔 나쁜 관리들에 맞서 싸우기 시작했는데 농민 전쟁까지 일으키게 되었고, 나중에는 조선을 지키기 위해서 일본군에 맞서 싸우기도 했어요."

그제야 좀 이해가 되는지 장하다가 "오호!" 하며 고개를 끄덕거렸다. 용선생도 만족스러운 표정을 지었다.

"좋아, 그 정도면 됐다. 전봉준이 어떻게 해서 역사에 큰 발자국을 남기게 됐느냐, 그건 곧 도착하면 이야기해 주지!"

고부 농민들, 못된 군수를 쫓아내다

얼마 뒤 아이들이 도착한 곳은 아담한 초가집이었다. 아이들은 초가지붕 아래 쪼르르 이어진 방이며 마당의 변소, 뒷마당의 장독대까지 구석구석 둘러보았다. 하지만 워낙 좁은 집이다 보니 모두 둘러보는 데는 그리 오랜 시간이 걸리지 않았다.

"키가 작아서 녹두 장군이라더니, 집도 작네."

장하다의 말에 왕수재가 아는 척을 하고 나섰다.

"농민의 집이니까 그렇지. 전봉준은 농민군 지도자였다니까!"

전봉준 고택
전봉준이 살던 집으로,
전라북도 정읍시 이평면
장내리 조소마을에 있어.
원래는 방 1칸, 부엌 1칸,
광 1칸의 작고 초라한
집인데 더 크고 좋게
복원을 했어. 사적.

하지만 용선생은 고개를 크게 가로저었다.

"아니야. 전봉준은 농민이 아니었어. 양반 출신이었지만 아주 가난했지. 조선 후기에는 양반 중에도 끼니 걱정을 할 만큼 가난한 사람들이 많았다고 했잖아? 전봉준도 그런 사람 중 하나였어. 그는 여기 살면서 동네 아이들에게 글도 가르치고 몸이 아픈 이들을 치료도 해주면서 지냈대. 이 집은 고부에서 농민 봉기가 일어난 뒤 관리가 불태웠던 걸 나중에 다시 고쳐 지은 거야."

"아이들에게 글도 가르쳤다면 훈장님이었던 거네요? 훈장님이 왜 농민 전쟁을 일으키게 된 거예요?"

곽두기가 묻자, 용선생이 툇마루에 가 걸터앉으며 아이들에게 눈짓을 했다. 아이들은 얼른 툇마루 위에 옹기종기 모여 앉았다.

"우선 당시의 시대 상황부터 살펴보자. 개항 후 백성들의 생활은 더욱 처참해졌어. 일본으로 빠져나가는 쌀이 많아서 곡식은 항상 부족했고, 시장은 청나라와 일본 상인들이 점령하면서 조선의 상인들은 장사할 곳을 잃어버렸어. 그런데 조정에서는 개화 정책을 추진하기 위해 세금을 더 거두어들였고, 임오군란과 갑신정변의 배상금도 백성들의 몫이었어. 원산항을 통해서 일본으로 쌀이 썰물처럼 빠져나가자 이를 보다 못한 함경도 관찰사가 '곡물의 유출을 막는다'는 '방곡령'을 내렸는데, 일본은 방곡령 시행 기간을 미리 알리지 않았다고 불만을 쏟아 냈어. 조선의 곡물을 가져가야 하는데 못 가져가니까 장사에 손해를 봤다고 말이야. 일본은 이 손해에 대한 배상금을 요구했고, 결국 조선은 또 배상금을 지불하게 되었지."

용선생의 말에 아이들은 할 말을 잃은 표정으로 눈만 끔뻑였다.

"이러한 사회 분위기 속에서 동학이 크게 확산되었어. 전에 동학에 대해 이야기했던 것 기억나니?"

"서학 반대 동학!"

"사람이 곧 하늘이라고 한 말이 기억나요."

줄줄이 대답이 나오자 용선생의 목소리가 저절로 커졌다.

"그래! 잘들 기억하고 있구나! 이 무렵에는 종교적인 신념보다는 백성들 모두 평등하게 잘 살 수 있는 세상이 되었으면 하는 바람으로 동학교도가 된 사람들이 아주 많아졌어. 세금 문제로 고통을 당하던 농민들이 가장 많았지만, 중인이나 양반들 중에도 동학을 믿는 사람이 꾸준히 늘고 있었지. 전봉준 역시 고부 지역의 동학 지도자였어."

용선생은 아이들을 쓰윽 한번 둘러보고는 목소리를 낮추어 이야기를 시작했다.

"때는 1892년, 전라도 고부 지역을 다스리던 조병갑이라는 군수가 있었어. 그런데 이 사람이 천하에 몹쓸 관리였던 거야. 주민들한테 온갖 구실을 갖다 붙여서 재물을 뜯어냈거든. 어떻게 뜯어냈냐? 고부에는 만석보라는 농사용 저수지가 있었어. 그런데 조병갑은 멀쩡한 저수지를 놔두고 그 밑에 새로 둑을 쌓아 저수지를 또 만들었어. 그러고는 주민들한테 저수지 물을 사용하는 대가로 세금을 내라고 했어. 결국 물세를 걷으려고 일부러 새 저수지를 만든 거야. 또 주민들에게 버려진 땅을 개간해서 농지로 만들면 얼마 동안 세금을 물리지 않겠다고 약속을 해 놓고는, 언제 그랬냐는 듯 말을 바꿔서 세금을 뜯어 갔어. 그뿐 아니리 다른 지역에 세울 자기 아버지 공덕비 비용도 고부

萬石洑遺址碑

만석보 유지비 만석보는 농민들이 헐어 버렸기 때문에 지금은 남아 있지 않아. 대신 그 자리에는 동학 농민 운동을 기념하는 비석이 세워져 있어.

주민들한테 떠안겼어. 자기 어머니가 죽었을 때도 주민들한테 억지로 돈을 걷으려 들었지. 이때 고부에는 흉년이 들어서 주민들이 먹을 식량도 모자랐지만, 조병갑은 전혀 상관하지 않았어."

"크, 완전 나쁜 놈이잖아!"

"견디다 못한 주민들은 관청에 정식으로 건의를 했어. 다들 먹고 살기도 어려운 지경이니 제발 세금을 줄여 달라고 말야. 하지만 조병갑은 들은 척도 하지 않았어. 오히려 주민 대표들을 옥에 가두고 매질을 했지. 얼마나 심하게 매질을 했는지 그만 죽어 버린 사람도 있을 정도였어. 그중에 전봉준의 아버지도 있었어."

"세상에…… 그런 못된 관리의 손에 아버지를 잃었으니 전봉준은 너무나 분했겠네요. 그래서 들고일어난 거군요?"

눈이 동그래진 허영심이 고개를 반짝 세우며 말했다.

"물론 분하기 짝이 없었겠지. 하지만 전봉준이 아버지의 원한을 갚으려고만 했던 건 아니야. 전봉준은 죄 없는 백성들이 고통을 당하는 모습을 보며 세상이 잘못되어도 단단히 잘못되었다고 생각했어. 그리고 조병갑처럼 못된 관리들이 횡포를 부리지 못하게 하려면 힘으로 몰아내는 수밖에 없다고 여겼지. 봉기를 일으키기로 결심한 그는 고을의 동학교도들을 조용히 끌어모았어. 전봉준은 당시 꽤 잘 짜여 있던 동학 조직을 이용해서 조병갑을 몰아낼 계획을 세웠어. 그리고 뜻을 함께하는 사람들을 모아 봉기를 일으키자는 결의문에 서명을 받았지. 바로 사발통문이라는 것이었어. 사발을 엎어 놓고 그 둘레에 한 사람씩 이름을 써서 모두의 이름이 둥그렇게 원을 그리도록 하는 거야. 그러면 누구 이름이 먼저고, 누구 이름이 다음인지 알 수가 없겠지? 나중에 혹시 일이 잘못되면 관청에서는 앞장서서 봉기를 이끈 사람을 골라내 처벌을

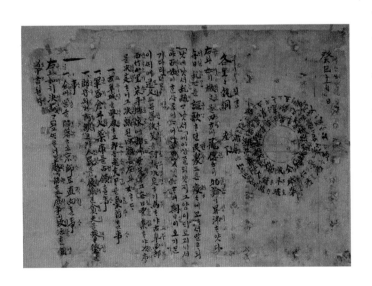

사발통문
1893년 11월, 고부의 동학교도들이 작성한 결의문이야. 결의를 한 20명의 이름이 원형으로 적혀 있어. 전봉준의 이름도 보여.

하려고 할 테니, 누가 주동자인지 알 수 없도록 하는 거지."

"히야, 그거 기발한데요!"

"전봉준을 포함해 20명이 사발통문에 서명을 했고, 이들은 그 사발통문을 은밀히 퍼뜨려서 사람들에게 봉기 계획을 알려 나갔어. 희망 없이 하루하루를 지내던 고부 사람들은 이 소식에 주먹을 불끈 쥐었어. 1894년 1월 10일! 이렇게 해서 모인 사람들이 천여 명이나 되었어! 그들은 대나무를 깎아 만든

창을 들고 조병갑이 있는 관아로 쳐들어갔지! 그러자 겁을 집어먹은 조병갑은 후다닥 다른 고을로 도망쳐 버렸어. 관아 창고에는 조병갑이 주민들로부터 뜯어낸 곡식들이 가득 쌓여 있었지. 봉기군은 곡식들을 풀어 고부 주민들에게 골고루 나누어 주었어."

"야, 잘됐다! 백성들이 이겼다!"

곽두기가 신이 나서 외쳤다. 하지만 장하다는 조병갑이 도망쳤다는 소리에 아쉬운 듯 혀를 찼다.

"쯧! 조병갑을 붙잡아서 정신이 번쩍 들게 해 줬어야 되는데!"

'보국안민'을 위해 일어선 동학 농민군

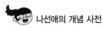
"고부에서 일어난 봉기 소식을 전해 들은 조정에서는 서둘러 주민들의 요구를 다 받아 주겠다고 약속을 하고 조병갑 대신 다른 군수를 임명했어. 그리고 봉기를 수습할 안핵사도 내려보냈어. 고부 사람들은 이제야 살길이 트였다며 기뻐했지. 하지만 그건 착각이었어. 새 군수는 봉기군을 처벌하지 않겠다고 했지만, 그 뒤에 나타난 안핵사는 모든 잘못을 고부 주민들 탓으로 돌렸어. 그는 봉기에 앞장선 사람들과 동학교도들을 잡아내겠다며 온 고을에 군사들을 풀어 놓았지. 군사들은 집집마다 불을 지르고 돌아다니며 주민들을 때리고 죽였어."

"어휴, 이 나쁜 놈들을 그냥!"

장하다가 분통을 터뜨리자, 허영심도 "고부 사람들이 잘못한 게 뭐 있다고!" 하며 입술을 앙다물었다.

"고부 사람들의 분노는 하늘을 찌를 만큼 치솟았어! 이판사판, 더 이상 무서울 게 없는 그들은 당장이라도 목숨을 걸고 군사들과 맞서 싸울 준비가 되어 있었어. 이때 전봉준이 다시 나섰어.

'이건 고부 지역만의 일이 아니오! 못된 관리들 등쌀에 고통을 겪는 백성들이 어디 고부에만 있겠소? 여러 고을 백성들이 힘을 모아 잘못된 이 나라를 바로잡아야 하오!'

전봉준은 전라도 여러 지역의 동학 지도자들에게 이렇게 호소했어. 정도의 차이가 있었을 뿐, 어디나 조병갑처럼 백성들한테 세금을 뜯어내는 데 혈안이 된 관리들이 널려 있었거든. 그러니 여기저기서 함께 봉기를 일으키겠다는 대답이 들려왔어. 특히 무장 지역의 손화중, 태인 지역의 김개남이 적극적으로 행동에 나섰어. 그리고 마침내 3월 25일, 1만여 명에 이르는 농민들이 고부의 백산이라는 곳에서 봉기의 깃발을 올렸어!"

아이들은 긴장된 표정으로 침을 꼴깍 삼켰다.

"농민군은 한양까지 밀고 올라가기로 했어. 한양에 가서 정치를 엉망으로 만들고 있는 민씨 세력을 끌어내리고 임금에게 자신들의 뜻을 전하려는 것이었지. 농민군은 '보국(輔國)', '안민(安民)', 또는 '창의(倡義)'라고 써 넣은 깃발을 들고 기세 좋게 백산을 떠났어. 나랏일이 바르게 돌아가도록 돕는다, 백성들이 편안히 살 수 있도록 한다, 위기에 처한 나라를 위해 의로운 병사를 일으킨다는 뜻이야."

"다 좋은 말 아냐? 나라에서 못하는 걸 농민군이 한다는 거네!"

장하다의 말에 허영심이 고개를 끄덕이며 "맞네!" 했다.

손화중과 김개남 전봉준과 함께 동학 농민 전쟁의 3대 지도자였던 사람들이야. 손화중(1861~1895)은 무장 지역에서, 김개남(1853~1895)은 태인 지역에서 동학 세력을 이끌고 있었어.

동학 농민군의 백산 봉기 1894년 전봉준과 농민 1만여 명이 백산에 모인 모습을 상상해서 그린 기록화야. 백산은 높이가 50m쯤 되는 자그마한 산으로 현재 전라북도 부안군 백산면에 위치해.

"나라에선 어떻게 했나요? 농민군이 더 움직이기 전에 막으려고 했을 텐데요?"

왕수재는 조정의 대응이 궁금한 모양이었다.

"그래, 사태가 이렇게 커지자 나라에서도 서둘렀지. 하지만 농민군의 기세를 꺾을 순 없었어. 백산을 떠난 뒤 농민군은 전라도 군사들과 황토현에서 맞붙어 큰 승리를 거두었어. 농민군이 관군을 이긴 첫 승리야. 그러자 더욱 사기가 높아진 농민군은 정읍, 고창, 영광 등 전라도 일대를 차례로 점령해 나갔지. 농민군은 가는 곳마다 나쁜 관리를 붙잡아 벌주고, 억울하게 옥에 갇혀 있는 백성들을 풀어 주고, 무기 창고에서 새 무기를 손에 넣었어. 관아의 식량 창고를 털어 농민군의 식량으로 썼고, 때로는 그 고을의 부자들한테서 곡식을 빼앗기도 했어. 하지만 농민군은 자신들처럼 가난하고 힘없는 백성들한테는 손해를 입히거나 무례하게 구는 법이 없었다는구나. 그리고 얼마 뒤, 이번에는 한양에서 내려온 신식 군대가 농민군에게 총을 겨누었어. 양쪽은 장성의 황룡촌에서 맞붙게 됐지!"

장태 대나무로 엮어 만든 닭장이야. 농민군은 장태를 굴려서 총알을 막고 물밀듯이 앞으로 나아갔어.

"신식 군대요? 그렇담 이번엔 어렵겠네……."

허영심의 안타까운 눈빛을 보며 용선생이 "결과는~" 하고 뜸을 들였다.

"이번에도 농민군의 승리! 좋은 무기로 무장한 신식 군대이긴 했지만, 사실 군사들의 사기가 엉망이었거든. 나라 재정이 텅 비었으니 몇 달째 월급도 못 받고 있었고 한양에서 내려오는 동안 군대에서 몰래 도망치는 병사들이 한둘이 아니었다나? 이제 거칠 것이 없어진 농민군은 단숨에 전주성을 점령했어. 전주성은 전라도 전체를 다스리는 전라 감영이 있는 곳이었지. 즉, 전라도가 통째로 농민군

 나선애의 개념 사전

감영
조선 시대에 감사(관찰사, 즉 오늘날의 도지사)가 업무를 보던 관청을 말해.

의 손에 들어오게 된 거였어."

허영심이 안도의 숨을 내쉬고, 장하다는 "이히!" 소리치며 박수를 짝짝 쳐 댔다.

무기를 내려놓은 농민들, 고을 자치에 나서다

"그런데 이때 큰 문제가 생겼어. 농민들이 전주성을 점령하자 조정에서 청나라에 군대를 보내 달라고 한 거야. 농민군이 전라도를 휘어잡았다는 소식에 덜컥 겁이 난 민씨 일가 쪽에서 다른 신하들의 반대를 무릅쓰고 그렇게 한 거였지. 조선 땅에서 잠시 철수했던 청나라 군대는 옳거니! 하고 잽싸게 조선으로 들어왔어. 그뿐이

아니야. 청나라 군대가 조선에 들어온다고 하니 갑신정변 때 맺은 '톈진 조약'으로 일본 군대까지 들어와 버렸어. 똑같이 조선에 군침을 흘리고 있던 두 나라의 군대가 조선에 동시에 들어오게 된 거야. 전봉준과 농민군 지도자들은 뒤통수를 얻어맞은 것 같았지. 뜻하지 않게 외국 군대를 둘씩이나 끌어들인 꼴이 되었으니까. 당황한 것은 농민군뿐이 아니었어. 조정에서도 일본군까지 들어오자 적잖이 위기감을 느끼게 되었지. 갑자기 싸움의 형세가 뒤바뀌었어. 농민군과 조정이 싸움을 멈추고 청군과 일본군의 눈치를 보아야 할 상황이 된 거야."

"아휴 진짜! 그럴 걸 왜 청나라에 군대를 보내 달라고 하냐고요!"

"그러게 말야. 집안싸움은 집안에서 알아서 할 것이지!"

아이들이 버럭 성을 내는 바람에 움찔 놀란 용선생이 눈을 껌벅

거렸다.

"애들아, 좀 진정하고……. 1894년 5월, 결국 전주에서 치열한 싸움을 벌이던 농민군과 조선 정부군은 그만 싸움을 멈추자는 전주 화약을 맺었어. 조정에서는 농민군이 손에서 무기를 놓고 고향으로 돌아가는 대신 그들의 요구 사항을 최대한 들어주기로 했고. 이때 농민군이 여러 차례에 걸쳐 제시한 요구 사항을 '폐정 개혁안'이라고 해. 옳지 못한 정치를 바로잡을 방법이라는 뜻이지. 백성들을 괴롭히던 세금 문제를 해결할 방법이 가장 많은 부분을 차지하고 있고, 제 욕심만 채우는 못된 관리와 양반들을 벌주고 나랏일을 제대로 돌보지 못하는 대신들을 내쫓아야 한다는 내용도 들어 있어. 또 외국 상인들의 횡포를 막아 달라는 요구나 죄 없이 붙잡혀 갇힌 동학교도들을 풀어 달라는 요구도 있었지. 그런데 농민군은 이렇게 개혁안만 제시하고 만 게 아니야. 각자 고향으로 돌아가 직접 자기 고을의 실서를 바로잡는 데 앞장섰지."

인천 제물포에 상륙한 일본군 농민군이 전주성을 점령한 다음 날 조선 정부는 청나라에 군사를 보내 달라고 했어. 그러자 일본도 톈진 조약을 근거로 인천에 군대를 상륙시켰어.

"네? 어떻게요?"

"바로 집강소라는 걸 통해서였지. 집강이란 원래 '규율이나 질서
를 지킨다'는 뜻이거든. 농민군은 고을마다 집강소라는 자치 기구

를 만들었어. 농민군의 기세를 채 꺾지 못한 조정에서도 이를 허가해 주었지. 집강소에서는 고을 관리가 비리를 저지르지는 않는지, 주민들한테 세금을 부당하게 걷지는 않는지, 또 부자나 양반들이 농민이나 노비들을 괴롭히지는 않는지 조사하고, 잘못된 점이 있으면 직접 나서서 바로잡았어. 그뿐 아니라 스스로 실천 지침을 마련해 노비 문서를 태우고 천민에 대한 차별도 없앴어. 그래서 집강소가 잘 운영되는 고을에서는 양반과 상민, 노비, 백정들이 서로 맞절을 하는 모습을 볼 수도 있었대. 집강소의 영향력은 짧은 시간

오지영의 《동학사》에 실린 12개조 폐정 개혁안

① 동학교도와 정부 사이에 있던 혐오감을 씻고 모든 행정에 협력할 것
② 탐관오리는 그 죄목을 조사해 모두 엄벌에 처할 것
③ 횡포한 부호들을 엄벌에 처할 것
④ 불량한 유림과 양반들을 징계할 것
⑤ 노비 문서를 불태워 버릴 것
⑥ 모든 천인들의 대우를 개선하고 백정이 쓰는 평양립(패랭이)을 없앨 것
⑦ 젊은 과부의 재혼을 허락할 것
⑧ 규정 이외의 잡세는 없앨 것
⑨ 관리 채용에는 문벌을 타파하고 인재를 등용할 것
⑩ 왜와 몰래 내통한 자는 엄벌에 처할 것
⑪ 공사채를 불문하고 이전의 빚은 모두 무효로 할 것
⑫ 토지를 균등히 분배하여 경작하도록 할 것

내에 아주 커졌어. 전라도 대부분의 지역과 충청도, 경상도 일부 지역에서도 집강소를 통해 농민들이 고을의 질서를 지켜 나갔지. 이렇게 백성들이 스스로 자기 고을을 다스린 일은 우리 역사에서 이때가 처음이었어."

"우아~ 엄청 멋지게 들리네!"

"그럼 드디어 백성들의 손으로 조선이 바뀌기 시작한 거네요?"

"아, 이런 이야기를 꼭 듣고 싶었어!"

잔뜩 들뜬 아이들이 재잘거리는 소리에 용선생의 표정이 어두워졌다.

"하지만…… 평화는 오래가지 못했지."

 ## 개화 정부가 추진한 갑오개혁

"문제는 일본이었어. 동학 농민군이 깃발을 내리고 스스로 해산했으니 청이나 일본군이 조선 땅에 계속 머무를 이유는 없었지. 조선은 두 나라 군대에게 그만 돌아가라고 요구했지만 일본군은 막무가내로 경복궁 안으로 쳐들어왔어. 1894년 6월 21일 새벽의 일이었지. 총칼을 앞세운 일본 군사들이 경복궁을 점령하자, 고종은 도리없이 그들이 시키는 대로 할 수밖에 없었어. 일본은 청나라와 가깝게 지내 온 민씨 세력을 몰아내고 새로 정부를 꾸리도록 했어. 물론 개화 정책을 이끌 수 있는 이들을 불러 모으고, 자기네 말을 잘 들을 만한 관리들을 앞에 내세웠지.”

“어머, 어떻게 경복궁에 쳐들어올 수가 있냐!”

“조선을 도와? 뻔뻔스럽긴!”

허영심과 장하다가 동시에 외치고, 나선애의 긴 한숨 소리가 뒤를 이었다.

“흠, 그럼 청에서도 가만히 있지 않았겠는데요? 그대로 허무하게 조선을 일본한테 내줄 순 없잖아요? 뭔가 대책을 마련했겠죠?”

왕수재의 말에 허영심이 “얜 대체 누구 편인지!” 하며 눈을 흘겼다.

“아니, 청은 그럴 겨를이 없었어. 일본이 먼저 청을 공격해 버렸거든! 청과 일본 사이에 전쟁이 시작된 거야. 사실 일본이 경복궁을 점령해 버린 데는 곧 청일 전쟁을 일으키겠다는 계산도 들이 있있어.

왜 이렇게 말을 안 들어?

우리가 개혁시켜 준다니까!

왕비 민씨

고종

144

조선을 자기네 손아귀에 넣고 있어야 전쟁에 필요한 식량이며 물자를 조선 땅에서 쉽게 구해 쓸 수 있고, 조선이 청을 돕지 못하게 할 수 있을 테니까. 아무런 준비 없이 일본군을 맞이한 청나라 군대는 맥을 못 추고 당하기만 했어. 1895년 4월까지 이어진 이 전쟁의 승리자는 일본이었지. 청일 전쟁에서 진 뒤로 청은 조선에 아무런 힘을 쓰지 못하게 돼."

"아휴, 이제 어떻게 되는 거야!"

청일 전쟁 일본이 청일 전쟁의 승리를 기념하기 위해 만든 목판화야. 그림의 대부분을 차지하는 일본군은 용맹스럽고 멋지게 그리고, 청나라군은 아주 작고 초라하게 그렸어. 청나라와 일본은 조선 곳곳에서 전투를 벌였고, 그 결과로 많은 조선 사람들이 피해를 입었어.

군국기무처 회의
일본은 청일 전쟁을
일으키면서 김홍집을
중심으로 새로운
정부를 구성하게
했어. 이때 김홍집은
군국기무처라는 관청을
설치해서 갑오개혁을
추진했지. 이 그림은
군국기무처에서 회의를
하는 모습을 그린 거야.

장하다가 초조한 듯 발을 동동 굴렀다.

"청일 전쟁이 벌어지는 사이, 조선에서는 새로 들어선 개화 정부가 군국기무처를 신설하고 다양한 분야에 걸쳐 개혁을 추진했어. 이 안에는 갑신정변을 일으켰던 급진 개화파들이 주장해 온 개혁 과제들도 포함되었고, 동학 농민군의 요구도 어느 정도 반영되었지. 그들의 목소리를 외면한다면 다시 농민군이 들고일어나 온 나라를 뒤엎을지도 모르는 일이니, 당시 정부로서는 더 이상 백성들의 뜻을 거스를 수 없었던 거야. 그런가 하면 일본의 입김도 개혁에 큰 영향을 주었지. 1894년에서 1896년 사이에 세 번에 걸쳐 이루어진 이 개혁을 갑오개혁이라고 불러. 갑오개혁을 통해 조선에는 적지 않은 변화가 일어났지. 가장 큰 변화는 신분 제도가 공식적으로 폐지되었다는 점이야."

"어? 신분 제도가 진짜로 폐지됐단 말이에요?"

나선애가 반가워하며 말했다.

"그래. 천민에 대한 차별이 금지되고 노비 제도도 없어졌지. 사실 노비 제도는 이미 1800년대 초반부터 흔들리고 있었어. 돈을 주고 주인으로부터 노비 문서를 사서 노비에서 벗어나거나 도망치는 노비들이 워낙 많았으니까. 갑오개혁은 이렇게 위태롭게 이어지던

노비 제도를 공식적으로 완전히 없애 버린 거야. 또 과부는 자유롭게 재혼을 할 수 있도록 했고, 너무 어린 나이에 혼인을 하는 조혼 풍속은 금지되었지. 그런가 하면 과거 제도도 없어지게 됐어. 당시 양반층이 갑오개혁 내용 중에 가장 충격적으로 받아들인 조치가 바로 이거였지. 이로써 조선인들은 더 이상 성리학 경전을 익힐 필요가 없어진 거야. 조선의 뿌리였던 성리학이 공식적으로 밀려나게 된 셈이지. 과거 제도를 없앤 대신 신분에 상관없이 능력 있는 사람을 관리로 뽑을 수 있는 새로운 관리 임용 제도가 마련되었어."

나선애의 개념 사전

조혼

일찍 결혼한다는 뜻이야. 갑오개혁 때 조혼 금지령을 내려 남자는 20세, 여자는 16세 이후에 결혼하도록 했어.

"와, 진짜 확 달라지는구나, 확!"

장하다가 놀랍다는 듯 눈을 껌벅거렸다.

"나라의 정치 구조도 바뀌었지. 그동안 조선은 왕을 중심으로 돌아가는 나라였잖아? 그러니 왕실의 일은 곧 나랏일이었어. 하지만 갑오개혁으로 왕실의 업무와 국정 업무가 분리되었어. 왕실의 일은 궁내부라는 관청에서 맡아 처리하도록 했고, 나라를 다스리는 행정 업무는 새로 개편된 의정부와 8아문에서 맡도록 했지. 왕 중심이 아닌 정치 기구를 중심으로 나라를 다스리는 근대적인 정치 체제가 처음으로 등장한 거야."

이때 용선생의 설명을 곰곰이 듣던 나선애가 고개를 갸웃거리며 "이상하네" 하고 중얼거렸다.

"선애야, 왜 그러니?"

"그러니까 지금, 일본이 경복궁을 점령해 가면서 억지로 세운 정부가 개혁을 하는 거잖아요. 그런데 다 나쁜 내용이 아닌 것 같은데요? 일본한테 유리한 내용도 아닌 것 같고……."

"그래. 맞는 말이다. 지금까지 설명한 1차 개혁의 내용들은 주로 개화 정부에서 조선의 밀린 숙제들을 한꺼번에 해결하려 했던 성격이 커. 사실 이 무렵 일본은 청일 전쟁을 치르느라 정신이 없었기 때문에 갑오개혁을 직접 주도하려 들지 않았어. 대신 앞으로 조선을 더욱 손아귀에 넣기 유리한 내용들을 끼워 넣도록 개화 정부

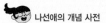

나선애의 개념 사전

8아문
8개의 부서를 가리켜. 기존의 육조를 내무, 외무, 탁지, 군무, 법무, 학무, 공무, 농상무의 8아문으로 바꾼 거야.

에 압력을 넣었지. 조선에서 일본 화폐를 쓸 수 있도록 한다거나, 조선의 쌀이 일본으로 흘러나가는 것을 막지 못하도록 하고, 또 일본인을 조선 정부의 고문관이나 군사 교관으로 앉히는 것 등이었어. 그렇다고 나머지 조항들이 모두 조선 정부만의 주체적인 개혁 정책으로 분명했냐고 묻는다면, 그것도 쉽게 답하긴 어려워. 왕실과 국정 업무를 분리한 것만 해도, 실제로는 고종이나 대원군, 왕비 민씨 등이 정치에 참여하지 못하도록 해서 조선의 정치를 일본이 주무르기 쉽게 만들려는 속셈이 들어 있었거든. 또 갑오개혁 내용 중에 조선의 연호를 독자적으로 사용하도록 한 조항을 보면 일본의 입김이 세게 들어 있다는 걸 알 수 있어."

"연호는 조선의 자주성을 인정하는 건데 왜 문제라는 거죠?"

왕수재가 척 손바닥을 들어 보이며 물었다.

"잘 생각해 봐. 조일 수호 조규의 첫 번째 조항에서 조선은 자주국이라고 했던 것 기억나니? 일본이 그렇게 내세운 이유가 뭐였더라?"

왕수재가 대답할 틈도 없이 나선애가 "아하!" 하고 끼어들었다.

"이번에도 조선과 청나라의 관계를 끊어 버리려고 하는 거군요!"

"맞았어. 그리고 1차 개혁 때는 그나마 조선이 주도적으로 개혁을 추진했지만 청일 전쟁에서 일본의 승리가 확실해지자 일본은

시모노세키 조약 체결 모습 청일 전쟁에서 이긴 일본은 청나라와 일본 시모노세키에서 조약을 맺었어. 일본은 승리의 대가로 2억 냥에 달하는 배상금과 랴오둥반도, 대만, 펑후도 등을 얻게 되었지. 뿐만 아니라 조선에 대한 영향력을 강화할 수 있었어.

곽두기의 국어사전

홍범 14조
홍범(洪範)은 '세상을 다스리는 큰[洪] 규범[範]'이라는 뜻이야.

군국기무처도 폐지해 버렸어. 그렇게 2차 개혁에서는 일본의 영향력이 더욱 커지게 됐지. 2차 개혁 때 발표된 법령인 홍범 14조를 보면 알 수 있지. 홍범 14조에는 '청에 의존하는 관념을 끊을 것', '왕은 대신들과 의논하여 정치를 하고 왕비나 다른 왕실 사람들의 정치 간섭을 금지할 것', '왕실 경비를 줄이고 왕실 사무와 국정 사무를 명확히 구별할 것' 등의 내용이 들어 있어. 언뜻 보면 조선의 정치를 개혁하기 위한 조치들인 것처럼 보이지만, 조금만 더 생각해 보면 일본이 조선의 정치에 간섭하기 쉽도록 해 줄 내용임을 알 수 있을 거야. 그 밖에도 2차 개혁에는 중앙과 지방의 관청과 행정 구역, 군사 제도, 사법 제도에 대한 개편안도 들어 있었어."

"개혁히는 김에 일본도 싹 몰아냈으면 좋았을걸."

나선애가 아쉬운 듯 입맛을 다셨다.

"갑오개혁은 오랫동안 쌓여 온 조선의 숙제들을 해결하고 근대적인 사회로 탈바꿈하려 했던 시도였던 것은 분명해. 나름대로 조선 백성들의 목소리를 받아들이려 했다는 점도 꼭 기억해야지. 하지만 일본의 검은 속내가 드리워져 있었기 때문에 그 목적이 실현되긴 어려웠어. 또 긴 세월 동안 백성들을 괴롭혀 온 문제의 핵심! 바로 토지 문제에 대한 개혁안이 쏙 빠져 있었다는 건 큰 한계였어."

용선생은 앉은 자리에서 일어서며 아이들을 둘러보았다.

"얘들아, 오늘 우리가 가 볼 곳이 또 한 군데 있어. 가면서 계속 이야기할까?"

"그게 어딘데요?"

"가 보면 알아."

외세를 몰아내기 위해 다시 전쟁터로!

아이들이 모두 차에 오른 뒤, 용선생이 천천히 운전을 시작하며 물었다.

"그런데 일본이 이렇게 청나라와 전쟁을 벌이고 조선의 개혁에 관여하는 동안 동학 농민군은 뭘 하고 있었을까?"

최시형
(1827~1898)
동학을 만든 최제우의
뒤를 이어 동학의 2대
교주가 되었어. 교주란
한 종교의 지도자를
뜻해. 최시형은 이후
동학의 세력을 키우는 데
크게 기여했어.

손병희
(1861~1922)
최시형의 뒤를 이어
동학의 3대 교주가
되었어. 1919년
3·1 운동의 지도자로
참여한 후 체포되어
감옥살이를 했어. 그
이듬해 풀려났지만 얼마
안 있어 죽었다고 해.

"맞아! 녹두 장군이랑 농민군들이 있지! 그냥 보고만 있진 않았을 것 같아요!"

"일본이 조선의 정치에 간섭하기 시작했다는 소식이 들려오자, 전봉준은 농민군이 다시 나서야 할 때가 되었다고 생각했어. 이번엔 전봉준이 이끌던 전라도 지역뿐 아니라, 가까운 충청도 일대의 동학 교도와 농민들도 뜻을 합쳤지. 이 지역에는 동학의 2대 교주인 최시형과 나중에 3대 교주가 된 손병희가 있었어. 다시 말하면 동학 조직의 주요 지도자들과 그들을 따르는 농민군들이 거의 모두 전쟁에 나서게 된 거야. 경상도와 경기, 강원, 멀리 황해도에서도 위기에 처한 나라를 구해야겠다고 생각한 농민들이 힘을 합쳤지. 이렇게 해서 또 한 번의 동학 농민 운동이 시작되었어. 첫 번째가 백성들을 괴롭히는 썩은 관리들을 몰아내고 사회를 개혁하기 위한 운동이었다면, 두 번째는 조선을 넘보는 일본 세력에 맞서기 위한 운동이었지. 1894년 10월, 20만 명에 달하는 농민군이 충청도 논산에 모였어."

불어난 농민군의 규모에 이이들은

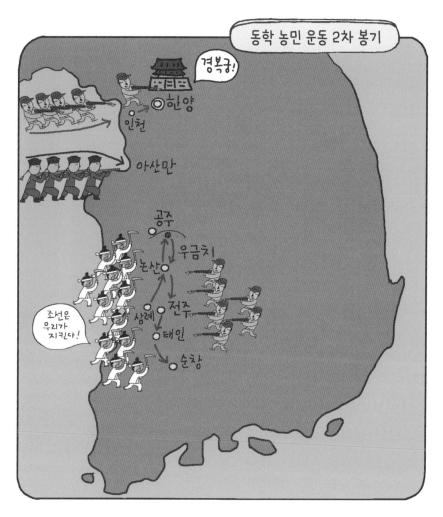

"우아" 하며 환호를 올렸다.

"농민군이 다시 들고일어나자, 일본도 가만히 있지 않았어. 일본 군대와 조선 정부군이 연합해서 한양에서부터 밀고 내려왔지. 몇 번의 충돌 끝에 양쪽이 딱 맞닥뜨리게 된 곳은 공주의 우금치라는 고갯마루였어. 전봉준은 이 싸움에서 지면 영영 일본군을 이 땅에

서 몰아낼 수 없다는 것을 알고 있었기에 총
공격을 펼쳤어. 우금치에서는 치열한 전투가
여러 날 동안 이어졌어. 숫자는 농민군이 훨
씬 많았지만, 그들이 가진 무기는 변변치 못
했지.

"어떤 무기를 가지고 있었는데요?"

"농민군 중에는 관군으로부터 빼앗은 신식
총을 지니고 있는 사람도 있었지만, 대부분 옛
날식 조총이나 죽창을 가지고 있었어. 반면,
일본군은 최신식 총과 대포로 무장하고 있었
지. 당시 농민군이 지닌 조총의 총알이 날아갈
수 있는 거리가 100걸음 정도였는데, 일본 총
은 그보다 네다섯 배는 되었대. 농민군이 전투
에서 대단히 불리할 수밖에 없었던 거야. 일본

윤주은의 호패
농민군으로 활약한 윤주은
(1856~1894)의 호패야.
윤주은은 동생, 사촌과
함께 일본군에 맞서
싸우다가 체포되어
처형을 당했어.

군대가 들여온 화력 좋은 대포와 총탄 앞에서 수많은 농민군들이
쓰러져 갔어. 하지만 농민군은 죽음을 두려워하지 않고 끝까지 용
맹하게 싸웠지. 당시 농민군을 상대한 관군 대장이 쓴 보고서에는
'농민군이 싸우는 모습을 말하려고 하면 지금도 뼈가 떨리고 마음
이 차가워진다'라는 내용이 있을 정도야."

용신생이 미니버스를 세운 뒤 아이들을 바라보았다.

이송되는 전봉준 1894년 12월 순창에서 체포된 전봉준(왼쪽에서 세 번째)이 1895년 2월 서울의 일본 영사관에서 법무아문으로 이송되기 직전에 촬영한 사진이야.

"하지만…… 농민군은 결국 지고 말았어. 그것도 엄청난 희생자를 내고, 참혹하게 지고 말았지. 그 뒤, 농민군의 기세는 급속히 기울었어. 결국 남은 농민군은 뿔뿔이 흩어지게 되었고, 농민군 지도자들은 대부분 붙잡혀 처형되었어. 녹두 장군 전봉준도 마찬가지였지. 이로써 근 1년에 걸쳐 이어진 동학 농민 운동은 안타깝게 막을 내렸어. 농민군들에게는 생애 그 어느 시절보다 길었을 이 해, 1894년은 갑오년이었어. 그래서 '갑오 농민 전쟁'이라고도 불러. 비록 큰 희생을 치르고 실패로 끝나기는 했지만, 동학 농민 운동은 억눌린 백성들이 아래로부터 개혁을 이끌어 낸 아주 소중한 역사야. 이렇게 백성들이 잘못된 정치를 바로잡고 외세로부터 나라를 지키기 위해 몸 바쳐 싸우고, 그 과정에서 스스로 자치 기구를 만들어 직접 사회를 개혁해 나갔던 사례는 세계적으로도 찾아보기 어려워. 그래서 세계사를 연구하는 학자들도 동학 농민 운동을 아시아의 대표적인 민중 항쟁으로 꼽으며 관심을 기울이고 있단다.”

아이들은 하아, 하는 탄식 소리를 낼 뿐 누구 하나 입을 열지 못했다.

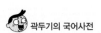 **곽두기의 국어사전**

위령탑(慰靈塔)
억울하게 죽어 간 사람들의 넋[靈]을 위로하기[慰] 위해 만든 탑이야.

“애들아, 여기는 전봉준이 처음 동학 농민군을 모으며 사발통문을 작성했던 곳이야. 여기에는 이름 없이 싸우다 죽어 간 농민군들의 넋을 위로하고 그 뜻을 기리기 위한 ‘무명 동학 농민군 위령탑’이 세워져 있어. 자, 농민군들을 만나러 가 보자.”

아이들이 차에서 내리니 마치 사발통문처럼 둥그렇게 둘레석이 놓여진 가운데 크고 작은 돌탑들이 세워져 있는 것이 보였다. 가운데 우뚝 솟은 커다란 탑에는 싸움터에서 쓰러진 동료를 움켜 안은 채 대나무 창을 불끈 들어 보이는 농민군의 모습이 새겨져 있었다. 조심스럽게 그 앞으로 다가선 아이들은 천천히 탑 사이사이를 돌며 두런두런 이야기를 주고받았다.

“이 얼굴 좀 봐. 정말 슬픈 얼굴이다…….”
“이니야. 이 얼굴은 엄청 용감해 보여!”

"이건 농사지을 때 쓰는 기구들 아닌가? 알았다! 농민군이 이걸 무기로 썼던 거야."

"세상에, 이런 걸 들고 싸움터에 나섰으니……."

"어? 여기 밥도 있어!"

"농민군한테 밥 한 공기 바친다는 뜻인가? 아마 싸움터에서도 배가 고팠을 테니까……."

덩그러니 밥 한 공기가 새겨진 작은 탑 앞에 용선생이 다가섰다.

"밥이 하늘이라는 의미를 담고 있어. 가진 것 없고 힘없는 농민들에게는 밥이야말로 하늘과 같았지. 이 따뜻한 밥 한 공기를 서로

무명 동학 농민군 위령탑 동학 농민 운동은 단순한 농민 봉기가 아니라 정치 개혁과 사회 개혁을 외친 혁명이었어. 뿐만 아니라 일본이라는 외세의 침략에 대한 항거이기도 했지. 이를 추모하고 기억하기 위한 기념탑이 여러 세대에 걸쳐 다양한 모습으로 세워졌어. 이 탑은 1994년 이름도 남기지 못한 채 죽어 간 수많은 동학 농민군을 추모하기 위해 시민들이 성금을 모아 세운 탑이야. 사발통문을 작성했던 정읍시 고부면 산증리 주산마을 녹두회관 앞에 있어.

나눠 먹을 수 있는 세상, 밥이 없어 굶주리는 사람도 없고 남의 밥을 빼앗아 먹는 사람도 없는 세상, 아마 농민군이 꿈꾸었던 건 그런 세상이 아니었을까?"

용선생이 손을 내밀어 소복이 담긴 밥을 어루만졌다. 그 손이 살짝 떨리는 것을 아이들은 말없이 지켜보았다.

나선애의 정리노트

동학 농민 운동

1. 1차 봉기

조병갑의 횡포 ──→ 고부에서 농민들 봉기
              └ 고부 민란

     └ 고부 민란을 수습 X
──→ 안핵사의 횡포 ──→ 백산에서 농민군 봉기

──→ 농민군의 전주성 점령 ──→ 청·일본의 군대가 조선에 들어옴

──→ 농민군과 조정이 전주 화약을 맺음
            └ 조정은 농민군의 요구 사항을 최대한 들어주고
              농민군은 집강소를 통해 스스로 자기 고을을 다스림

2. 2차 봉기

일본 군대가 경복궁 점령 ──→ 청일 전쟁 ──→ 일본이 조선 간섭

──→ 논산에서 농민군 봉기 ──→ 일본군에 패배
             └ 비록 패배했지만 동학 농민 운동은
               정치·사회 개혁을 외친 혁명!!

갑오개혁(1894~1896)은?

·1894~1896년 세 차례에 걸쳐 진행된 개혁

  내용 - 신분 제도 폐지, 과부도 재혼 가능, 조혼 금지,

        과거 제도 폐지, 관리를 뽑는 새로운 방법 도입,

        그 외 정치, 군사 등 여러 부분 개혁

  평가 - 조선의 여러 숙제 해결!

    그러나 일본의 입김이 강했음 / 토지 문제 해결 X

용선생의 역사 카페

역사계의 슈퍼스타,
용선생의 역사 카페에
오신 걸 환영합니다

Log in

게시판 ∨

- 📄 역사가 제일 쉬웠어용!
- 📄 이제는 더~ 말할 수 있다!
- 📄 필독! 용선생의 매력 탐구
- 📄 전교 1등 나선애의 비밀 노트

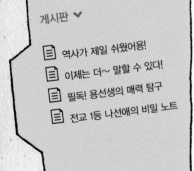

전봉준의 체포와 죽음

1894년 8월부터 일본군은 철저하게 농민군을 진압하였고, 살아남은 농민군은 해산할 수밖에 없었어. 농민군의 지도자들도 대부분 체포되거나 목숨을 잃었지.

전봉준은 1894년 12월 김개남을 찾아가 힘을 합치기 위해 길을 떠났어. 그러다가 과거 자신의 부하였던 김경천을 만나 하룻밤을 주막에서 묵게 됐지. 김경천은 거액의 현상금을 탈 욕심에 전직 군관인 한신현에게 몰래 달려가 이 사실을 알렸어. 한신현은 마을 사람들을 동원해 전봉준이 있는 주막을 급습했지. 전봉준을 붙잡는 데 큰 역할을 한 한신현은 금천 군수 자리를 받았고, 마을 사람들은 거액의 현상금을 받았다고 해.

체포된 전봉준은 서울로 압송되었어. 그 광경을 지켜본 사람의 기록에 따르면 "벼슬아치를 보고는 모두 너라고 부르고 꾸짖으면서 조금도 굴하지 않았다"고 해. 또 재판을 받을 때는 관리가 "왜 너는 피해를 받지 않았는데 봉기했느냐"고 묻자 "민중이 고통받고 있었기 때문에 그들을 구하려고 일어났던 것이다"라고 답했대.

4월 23일 전봉준은 손화중, 최경선 등과 함께 사형 선고를 받고 나서 10시간 뒤에 처형을 당했어. 이 재판을 지켜본 일본인 기자는 "사형을 선고받으면 대개 정신이 혼비백산하고 사지가 떨리는 법인데 이상하게도 조선 사람은 배짱이 좋다. 동학의 거두인 전봉준, 손화중 등은 매우 대담했다"는 기사를 썼어.

사형당한 전봉준의 목은 전국을 돌며 전시되었어. 그의 시체를 보고 두 번 다시 정부와 일본에 대항하지 말라는 의미였을 거야. 하지만 그의 죽음은 잊혀지지 않았고, 그를 따라 일본에 대항하는 이들이 등장하게 되었어.

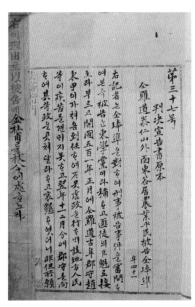

전봉준 판결문

COMMENTS

 장하다 : 그럼 김개남은 어떻게 되었나요?

└ 용선생 : 김개남은 매부 집에 숨어 있다가 옛 친구 임병찬이 밀고를 하는 바람에 붙잡히고 말았어. 재판도 받지 못하고 처형당했지.

한국사 퀴즈 달인을 찾아라!

01 ★☆☆☆☆

얘들아, 녹두 장군의 이름이 뭐라고 했더라?

☐ ☐ ☐

02 ★★☆☆☆

고부에서 조병갑이 횡포를 부려서 참다못한 사람들이 들고일어났다고 했지? 이때 20명이 결의문을 돌려 사람들에게 봉기 계획을 알렸고. 이 결의문을 뭐라고 하지? (   )

① 폐정 개혁안   ② 갑오개혁
③ 사발통문   ④ 봉기통문

03 ★★★★★

다음은 고종 때 실시했던 한 개혁에 대한 설명이야. 이 개혁의 주요 내용으로 옳지 않은 것을 골라봐. (   )

> 청일 전쟁이 벌어지던 때에 조선 정부는 군국기무처를 세우고 다양한 분야에 걸쳐 개혁을 추진했다.

① 신분 제도가 폐지되었다.
② 신식 군대인 별기군을 만들었다.
③ 어린 나이에 혼인을 하는 조혼 풍속이 금지되었다.
④ 과거 제도가 없애고, 새로운 관리 임용 제도를 마련했다.

05 ★★★★☆

선애는 인터넷을 뒤져서 전봉준에 관한 재판 기록을 찾아냈어. 그런데 이 기록을 올린 사람이 글을 완전히 뒤죽박죽 섞어 놨지 뭐야! 누가 좀 순서대로 정리해 줄래?

① 그런데 일본이 개화를 한답시고 밤중에 궁궐에 쳐들어가 임금님을 협박했다는 소식을 들었다. 이에 가만히 있을 수 없어 농민군을 모아 다시 일어난 것이다.

② 그러나 우리는 공주에서 패했고, 그 후 나는 붙잡혀 지금 여기 앉아 있는 것이다.

③ 처음에는 탐관오리가 말도 안 되는 핑계를 대며 백성들에게서 돈을 걷어 가서 살 수가 없어서 일어났다. 그 탐관오리의 이름은 조병갑이다.

④ 또 들고일어난 것은 안핵사 때문이다. 그는 아무나 동학으로 몰아 죽이고 그 집에 불을 지르는 등 횡포가 이루 말할 수가 없었다.

⑤ 조정에서 '너희의 요구를 들어주겠다'고 하셨다. 그 때문에 감격하여 해산하였다.

(③) – (④) – (   ) – (   ) – (   )

04 ★★★☆☆

농민군은 자신들이 원하는 것들을 조정에 요구하는 데 그치지 않고, 직접 자기 고을을 다스렸어. 농민들이 만든 자치 기구가 뭐였는지 기억나? (   )

① 파출소   ② 집강소
③ 집결소   ④ 집합소

 힌트! 'ㅇㅇ소'라고 부르는데, ㅇㅇ은 규율이나 질서를 지킨다는 뜻이야.

• 정답은 307쪽에서 확인하세요!

대한 제국을 선포하다

청일 전쟁에서 이긴 일본이 조선을 제멋대로 주무르려 하자,
이를 가로막고 나선 나라가 있었어. 북쪽의 러시아였지.
이후 다급해진 일본과 새로 끼어든 러시아가 실랑이를 벌이는 가운데,
자주 독립 국가를 세우고자 하는 조선인들의 열망은 더욱 커졌어.
그리고 1897년, 마침내 조선은 새로운 나라 대한 제국으로 거듭나게 되었단다.
대한 제국은 어떻게 세워졌는지,
제국의 황제가 된 고종은 새 나라를 어떻게 이끌어 갔는지 알아보자.

1894.9
농민군이
다시 봉기하다

일본 자객
들이 왕비
민씨를
죽이다

고종이
러시아
공사관으로
피하다

《독립신문》이
창간되다

나라 이름을
대한 제국으로
고치다

일본에 외교권을
빼앗기다

1895.8

1896.2

1896.4

1897.10

1905.11

황제 제복을 입은 고종

✔️알고 있는 용어에 체크해 보자!

☐ 을미사변 ☐ 단발령 ☐ 아관파천

☐ 독립 협회 ☐ 대한 제국 ☐ 광무개혁

우르르 역사반으로 들어서던 아이들은 교실 가득한 커피 향기에 코를 벌름거렸다.

"음~ 커피 향! 난 이 냄새가 참 좋더라. 어쩐지 분위기 있는 게 나랑 잘 어울리거든."

허영심의 말에 왕수재가 절레절레 고개를 흔들었다.

"냄새만 좋지. 맛은 쓰기만 하고 영……."

"그래? 난 먹을 만하던데."

장하다가 이해할 수 없다는 듯 눈동자를 굴리며 말했다.

"하긴 네 괴물 같은 식성에 못 먹을 게 어디 있겠냐?"

주거니 받거니 하던 아이들이 자리에 가 앉자 용선생이 교탁에 놓인 커피를 높이 들어 올려 보였다.

"얘들아, 너희들 이 커피를 우리나라에서 처음 마신 사람이 누구 인지 아니?"

"고종 임금이요."

왕수재가 우쭐거리며 자랑스럽게 대답했다.

"땡!" 하는 용선생의 말에 수재의 표정은 굳어지고, 다른 아이들은 까르르 웃음보를 터트렸다.

"사실 아무도 몰라."

왕수재는 입술을 삐쭉 내밀며 "그게 무슨 답이에요?"했다.

"많은 사람들이 고종이 커피를 처음 마셨다고 알고 있는데 그것은 사실이 아니야."

"그럼 왜 고종 임금이 커피를 처음 마셨다고 알려진 거예요?"

"고종이 러시아 사람들과 어울려 지내면서 그들이 마시던 커피를 함께 즐기게 된 것이라고 사람들이 생각했기 때문이야."

"러시아면 북쪽에 있는 추운 나라잖아요. 고종 임금님이 눈 구경

이라도 가셨던 거예요?"

곽두기가 눈을 깜박거리며 물었다.

"하하! 그건 아니고. 고종이 러시아 공사관에서 지낸 적이 있거든. 청일 전쟁이 끝난 1895년에서부터 이야기를 시작해 볼까!"

러시아의 간섭에 한발 밀려난 일본

"청일 전쟁에서 일본이 이겼다는 소식을 들은 조선 사람들은 깜짝 놀랐어. 일본이 이미 예전의 보잘것없는 오랑캐 나라가 아니라는 것은 알고 있었지만, 그토록 힘이 커졌을 거라고는 예상하지 못했거든. 그런데 놀란 것은 조선인들뿐만이 아니었어. 서양 강대국들 역시 일본을 주목하게 됐지. '어? 동양의 작은 섬나라가 언제 저렇게 힘을 키웠지? 더 커지면 곤란한데!' 하고 말이야. 특히 불안해진 건 북쪽의 러시아였어. 중국 대륙에서 일본의 힘이 커질수록 가까운 러시아부터 영향을 받게 될 테니까. 결국 러시아는 프랑스, 독일과 힘을 합쳐 일본을 압박했어. 일본이 청일 전쟁에서 이긴 대가로 갖기로 한 랴오둥반도(요동반도)를 도로 청나라에 돌려주라고 했지."

"일본이 그 말을 들을까요? 어렵게 전쟁을 벌여서 얻은 건데."

  "하지만 시키는 대로 하지 않으면 당장 세 나라랑 한꺼번에 맞붙
어야 할지도 모르는 판이니 어쩔 수 없었어. 결국 일본은 배상금을
조금 더 받는 조건으로 랴오둥반도를 청나라에게 돌려주었지. 이
사건을 세 나라가 일본에 대해 간섭을 했다고 해서 '삼국 간섭'이라

고 불러. 그 바람에 일본은 조선에서도 기세가 주춤하게 됐어. 조선을 독차지하겠다고 마구 달려들었다간 또 러시아나 다른 강대국들이 나설 게 뻔하니 조심할 필요가 있었던 거지."

"후유, 땡큐네요! 러시아 아니었으면 조선은 큰일 날 뻔했네!"

장하다가 안도의 한숨을 내쉬며 말했다. 하지만 나선애는 생각이 달랐다.

"별로 고마워할 일은 아닌 것 같은데. 어차피 러시아도 자기네가 다른 나라에서 뺏어 먹을 게 모자랄까 봐 그런 거잖아. 도둑 심보긴 다들 마찬가지 아닌가? 맞죠, 선생님?"

"틀린 말은 아니구나. 사실 러시아도 조선을 탐내는 나라 중 하나였어. 러시아는 추운 나라라서 겨울이면 항구가 다 얼어붙었거든. 만약 겨울에도 얼지 않는 조선의 항구를 러시아 마음대로 쓸 수 있다면 큰 이득을 얻을 수 있겠지. 조선에서 일본이 주춤거리는 사이, 러시아가 잽싸게 끼어들었어. 러시아 외교관은 조선 왕실에 자주 드나들며 자기네야말로 조선을 보호해 줄 수 있는 나라라고 강조했지."

"에이 뭐야, 진짜 다들 속이 시커멓잖아?"

장하다가 눈을 가늘게 뜨며 투덜거렸다.

"고종과 왕비 민씨는 일본 세력을 몰아내려면 이 기회를 이용해야 한다고 생각했지. 일본이 경복궁을 점령한 뒤로 고종은 나랏일에 전혀 관여하지 못했으니까. 상황이 이렇게 돌아가자 일본과 가까이 지내던 신하들은 궁지에 몰리게 됐어. 대신 러시아와 가깝게 지내자고 주장하는 신하들이 중심이 되어 새로 정부를 꾸리게 되었지. 고종과 왕비 민씨도 힘을 얻은 것처럼 보였어."

"하, 복잡해라. 그러니까 조선은 이제 러시아랑 친하게 지내면서 일본을 내쫓기로 했다, 이런 얘기죠?"

허영심의 말에 용선생이 고개를 크게 끄덕였다.

"일본은 그럼 어떻게 되는 거죠? 그대로 물러섰나요?"

이번엔 용선생이 고개를 크게 가로저었다.

"아니. 다급해진 일본은 무시무시한 사건을 일으키고 말아."

사연 많은
건청궁 이야기!

용선생 현장 강의

 ## 왕비 민씨, 일본인들의 손에 살해당하다

"1895년 8월, 경복궁에 또다시 침입자들이 나타났어."

"또 일본이에요?"

"우씨, 왜 걸핏하면 남의 나라 궁궐에 쳐들어와!"

흥분한 아이들이 왁자지껄해

경복궁 건청궁 옥호루 건청궁은 국왕과 왕비의 거처로 이용된 곳이야. 이곳에서 왕비 민씨가 살해되고, 고종도 경복궁으로 돌아가지 않으면서 주인 없는 공간이 되었어. 1909년에 일본에 의해 헐렸다가 2007년에 복원되었지.

지자, 용선생은 "쉿" 하며 손가락을 입에 갖다 댔다.

"이번엔 그냥 위협을 하러 온 게 아니었어. 무장을 한 군사들이 궁
궐을 포위했고 궁궐 안으로는 총과 칼을 든 무리가 뛰어들었지. 그들
이 노리는 것은 바로 왕비 민씨였어! 그들은 궁녀들을 붙잡아 왕비 민
씨가 있는 곳을 대라고 윽박질렀어. 여기저기서 총소리가 울리고 비
명 소리가 터져 나왔지. 모두가 평화롭게 잠들어 있어야 할 새벽, 궁
궐은 순식간에 아수라장이 되어 버렸어. 결국 얼마 뒤, 왕비 민씨는
괴한들의 칼에 죽고 말았어. 그들은 혹시 왕비가 궁녀로 변장했을지
도 모른다는 생각에 눈에 띄는 궁녀들도 모두 죽여 버렸지. 끔찍한 짓
은 거기서 그치지 않았어. 그들은 이미 죽은 왕비의 시신을 불태우기

까지 했어. 1895년, 을미년에 벌어진 이 끔찍한 사건을 을미사변이라고 불러."

입이 떡 벌어진 채 아무 말도 못하는 아이들 사이에서 허영심이 겨우 한마디 했다.

"세상에 어떻게 그런……. 미친 거 아냐?"

"그래, 한 나라의 왕궁에 쳐들어가 왕비를 살해하고 시신을 불태운다는 건 제정신을 가진 사람들이 할 행동은 아니겠지. 일본 쪽에서도 국제 사회에서 비난을 받을 것이 두려워서인지 자기네가 벌인 일이 아니라며 발뺌을 했어. 하지만 을미사변은 일본이 치밀하게 계획하고 벌인 일이었어. 조선의 왕비를 살해하는 일에 '여우 사냥'이라는 망측한 작전명까지 붙였다지. 일본의 높은 관리들이 작전 계획에 참여했고, 일본 공사가 직접 나서서 작전을 지휘했어."

"그렇게 말도 안 되는 방법을 쓰면서까지 왕비 민씨를 죽이려 했던 이유가 뭐죠?"

나선애가 인상을 찌푸리며 물었다.

왕비 민씨를 살해한 일본인들
이들은 신문사 사장, 기자 등 대부분 안정된 직장을 가진 지식인들이었어. 일본인이 조선 왕비를 살해했다는 사실이 전 세계에 널리 알려지자, 일본은 이들 56명을 구속했지. 하지만 단 한 명도 처벌하지 않았어.

"조선이 일본을 밀어내고 러시아와 가깝게 지내는 데 제일 큰 영향력을 미친 것이 왕비 민씨라고 본 거지. '조선을 일본의 손아귀에 넣는 일에 왕비 민씨가 걸림돌이 된다, 어떻게 하지? 없애 버리자!' 그리곤 그대로 해 버린 거야. 또 고종을 비롯한 조선 사람들을 협박해서 고분고분히 자기네 말에 따르도록 하려는 뜻도 있었겠지. 생각해 보렴. 왕비의 죽음을 지켜본 조선인들은 큰 공포를 느꼈을 거야. '궁궐에 쳐들어가 왕비까지 죽여 버리는 마당이니 저들이 못할 짓이 뭐가 있겠는가?' 하는 생각이 드는 게 당연하지 않았겠니?"

"그래서 그 뒤엔 정말 일본의 뜻대로 됐어요?"

"그랬지. 일본은 러시아의 힘에 의지하려 했던 신하들을 내쫓고

<명성 황후 발인반차도>

을미사변이 벌어지고 2년 2개월이 지나 고종은 대한 제국을 선포하고, 왕비의 장례식을 치렀어. 이때 왕비 민씨는 '명성 황후'라는 시호를 받았지. 고종이 황제가 되면서 왕비 민씨 역시 황후로 한 단계 올라간 거야.

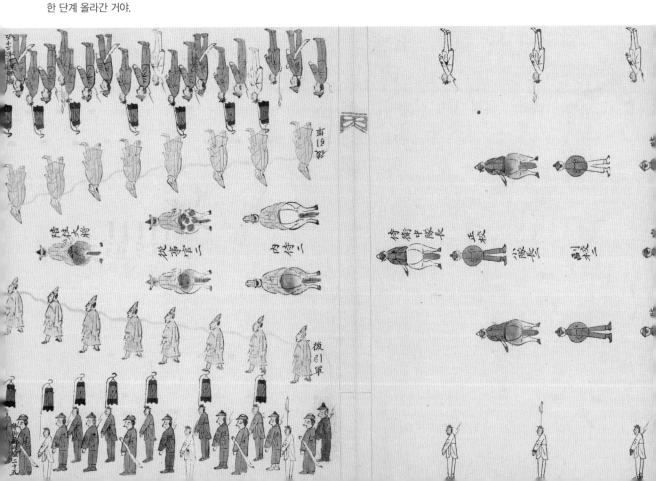

다시 자기네와 가깝게 지낸 신하들을 중심으로 새 정부를 꾸렸어. 그리고 다시 한번 개혁을 추진했어. 1, 2차 갑오개혁에 이은 3차 개혁이었지. 3차 개혁은 1895년 을미년에 시작했기 때문에 을미개혁이라고도 해. 소학교를 설치하고 태양력을 사용하는 것 등이 주요 내용이었어."

"태양력? 양력, 음력 할 때 그 태양력이요?"

"맞아. 그리고 또 하나, 성인 남자는 모두 서양식으로 짧은 머리 모양을 하라는 단발령이 내려졌어. 당장 고종 임금부터 상투를 잘라야 했지. 하지만 백성들은 쉽게 이 명령을 따르려 하지 않았어. 머리카락을 귀중히 여겨 절대로 자르지 않고 상투로 틀어 올리는 것은 조선의 오랜 풍습이었으니까. 신체발부(身體髮膚)는 수지부모

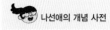

(受之父母)다, 이런 말 들어 봤지?"

곽두기가 고개를 제일 크게 끄덕이고 뜻을 설명했다.

"네! 내 몸의 머리카락이며 피부는 부모님이 주신 것이다."

"그래. 그러니 함부로 상하게 하지 않는 것이 효도의 기본이라고 했지. 이건 조선 사람들의 마음속에 깊이 새겨져 있는 성리학의 가르침이었어. 그런 조선 사람들이 어떻게든 머리카락을 자르지 않으려 드는 것은 당연한 일이었지. 하지만 일본은 물러서지 않고 단발령을 강압적으로 밀어붙였어. 순검, 즉 지금으로 치면 경찰들이 돌아다니며 남자들의 상투를 가위로 뎅겅뎅겅 잘라 냈지. 그 때문에 사람들이 많이 모이는 곳에서는 툭하면 소동이 벌어지곤 했대. 순검에게 잡혀서도 끝까지 상투를 잘리지 않으려고 기를 쓰는 사람, 허무하게 상투가 잘려 나가자 통곡을 하는 사람, 그렇게 잘린 상투나마 고이 집으로 싸 들고 가는 사람……. 순검들이 가위를 들고 한양의 4대문 앞에 떡하니 버티고 있는 통에 아예 4대문을 출입하는 사람들의 발길이 끊기기도 했다지."

"어휴, 어쩐지 눈물겹다……. 그러다 결국은 모두 상투를 잘리고
만 거예요?"

영심의 안타까운 목소리에 용선생이 고개를 저었다.

"아니. 안 그래도 왕비의 죽음 뒤 일본에 대한 감정이 더욱 나빠
진 백성들은 일본이 세운 거나 다름없는 정부가 머리카락까지 자
르라고 하니 엄청나게 반발했어. 특히 유생들은 차라리 목을 자를
지언정 상투는 자를 수 없다며 거세게 저항했
지. 이들의 저항은 단발령을 거부하는 데 그치
지 않았어. 위정척사를 주장하던 유생들은 '반
일 반개화', 즉 일본에도 반대하고 개화에도 반
대한다는 뜻을 분명히 하며 의병을 일으켰지!
일본의 횡포에 분노하고 있던 많은 백성들도
속속 의병에 참여했어. 전국 곳곳에서 의병들
이 일어나 단발령을 당장 거두고 일본에 아부
하는 정부는 물러나라고, 또 일본 군대는 조선
에서 떠나라고 요구하며 관군에 맞섰어. 을미
년에 유생들을 중심으로 일어난 이 의병을 '을
미의병'이라고 해."

"좋았어! 우리 조상님들이 앉아서 당하고만
있을 리가 없지!"

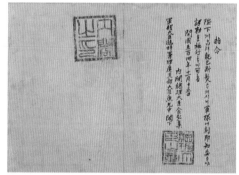

단발령 모든 남자는 상투를 자르라는 내용의
명령서야. 고종과 세자의 머리를 자를 때는 일본군이
궁궐을 둘러싼 뒤 머리를 자르지 않으면 죽이겠다고
협박했고, 순검들은 가위를 들고 다니며 강제로
사람들의 상투를 잘랐어.

장하다가 모처럼 주먹을 불끈 쥐었다.

러시아 공사관으로 몸을 피한 고종

"이렇게 의병 운동이 일어나자 정부는 당황했어. 의병이 더 확산되기 전에 막으려고 한양을 지키던 군사들까지 지방으로 내려보냈지. 한편, 이때 고종 임금은 일본 세력에 의해 손발이 꽁꽁 묶인 신세나 다름없었어. 왕비까지 죽임을 당한 마당에 임금이라고 무사하란 법이 없잖아. 그러니 그들이 시키는 대로 뒷전에 물러나 있으면서 속으로 분을 삭이는 수밖에 없었지. 그런데 마침 의병이 일어나 일본 쪽의 감시가 소홀해지게 된 거야. 고종은 일단 몸을 피하기로 했어. 일본으로부터 보호해 줄 수 있는 세력, 바로 러시아에 몸을 맡기기로 했지. 1896년 2월, 고종은 비밀리에 러시아 공사관으로 들어갔어. 이 일을 '아관 파천(俄館播遷)'이라고 해. 아관 파천이란, 임금이 리시아 공사관으로

전하, 어서 러시아 공관으로 피하십시오!

왕실 꼴이 말이 아니구나!

러시아 공관

이완용   고종

피난했다는 뜻이야."

　용선생은 설명을 멈추고 이미 식어 버린 커피를 들어 한 모금 마셨다. 그러자 곽두기가 "아하!" 하고 외쳤다.

　"그래서 고종 임금님이 커피를 처음 마셨다는 이야기가 생기게 된 거군요?"

　"맞아. 고종은 러시아 공사관에서 1년이나 지냈어. 러시아 사람들과 커피를 마시는 것은 물론이고, 서양 문물로 일상생활을 보냈을 거야."

　용선생의 말에 나선애가 불만스러운 목소리로 투덜거렸다.

　"일단 몸을 피한 거라면서 1년이나 있었어요? 의병들은 목숨을 걸고 싸우는데 임금님이 남의 나라 공사관에서 커피나 마시고 있다

러시아 공사관
러시아에서 온 외교관들이 업무를 보던 곳이야. 그때 당시 찍은 사진으로, 건물이 매우 크고 화려했다는 걸 알 수 있어. 현재 서울 정동에 그 일부가 남아 있어. 사적.

니…… 마음에 안 드네."

"어이쿠 선애야, 오해는 하지 마라. 고종이 마음 편히 커피나 마시고 있었다는 이야긴 아니야. 러시아 공사관에 들어간 뒤 안전해진 고종은 빼앗긴 왕권을 되찾기 위해 나름대로 노력했어. '지금의 정부는 조선을 위한 정부가 아니다!' 이렇게 선언하고 일본에 협력하는 신하들을 당장 잡아들이라고 호령했지. 일본 쪽에서 미처 손을 쓸 틈도 없이 친일 정부는 무너져 내렸어. 대신 러시아 세력을 등에 업은 새 정부가 들어섰지. 이 와중에 그동안 일본에 협력하면서 갑오개혁을 이끌어 온 개화 정부의 관리 김홍집은 광화문 앞에서 백성들한테 맞아 죽기까지 했어."

"진짜요? 그렇게 진작 좀 잘하지. 쯧쯧……."

눈이 동그래진 장하다가 혀를 찼다.

"새 정부는 성난 백성들을 진정시키고 혼란을 가라앉히기 위해 바삐 움직였어. 강제로 밀어붙이던 단발령은 백성들이 알아서 하도록 내버려 두는 것으로 하고, 가난한 백성들이 미처 내지 못한 채 떠안고 있는 세금도 면제해 주기로 했어. 의병들에게는 이제 더 이상 조선 정부는 일본에 휘둘리지 않을 테니 안심하고 가자 집으로

이범진과 그의 아들 이위종 이범진(1852~1911)은 친러파의 핵심 인물로, 임오군란 때 왕비 민씨의 호감을 얻었다고 해. 고종을 러시아 공사관으로 피난시킬 때두 큰 역할을 했지.

돌아가라고 했지. 임금이 나서서 일본에 협력하던 신하들을 쫓아내고 새 정부가 백성들의 요구를 받아들이는 모습을 보면서 의병 운동도 점차 잦아들게 되었어. 그렇다고 의병들이 아예 손 놓고 집으로 돌아간 것은 아니야. 의병들은 고종이 그만 러시아 공사관에서 나와 궁궐로 돌아갈 것을 요구하기 시작했어."

"맞아요! 저도 고종이 공사관에서 지내는게 좀 찜찜해요. 아까 러시아도 자기네 이득을 챙기려고 일본을 경계한 거라고 하셨잖아요."

허영심의 불안한 표정에 장하다가 "괜찮아" 하며 끼어들었다.

"그래도 왕비를 죽여 버린 일본보다는 낫잖아. 고종을 잡아 가둔 것도 아니고 보호해 준다는데 뭐가 문제야?"

"영심이 말이 맞아. 그렇게 좋게만 볼 상황은 아니었어. 외국 공사관은 자기 나라를 대표하는 곳이자, 자기네 나라의 법과 질서를 따르는 공간이야. 다시 말해 러시아 공사관은 조선 안의 작은 러시아라는 뜻이지."

"가만, 그럼 임금이 러시아로 도망을 친 거나 똑같단 얘기네?"

"비록 일본 쪽의 압력과 위협이 심각했다고는 하지만, 임금이 스스로 다른 나라 공사관에 들어갔다는 것은 나라의 주권을 지킬 힘이 없다고 인정한 거야. 임금이 앞장서서 조선의 국가적인 위상을

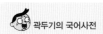

곽두기의 국어사전

주권
주인으로서 갖는
권리를 말해.

낮춘 셈이지. 쉽게 말하면 조선은 공식적으로 만만한 나라가 되어 버렸다, 이런 얘기야."

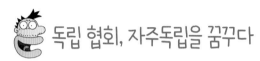 독립 협회, 자주독립을 꿈꾸다

"흔들린 것은 나라의 주권뿐이 아니었어. 그동안 여러 외국 세력이 드나드는 속에 조선은 물질적으로도 큰 손해를 떠안게 되었지."

말을 멈춘 용선생이 컴퓨터에서 지도 한 장을 띄워 보여 주었다.

"자, 이건 당시 강대국들이 조선에 들어와 차지한 경제적 이권들을 표시해 놓은 지도야. 이권이라는 건 사업을 벌여서 이익을 얻을 수 있는 권리를 말해. 이때 그 사업을 하는 데 필요한 땅이며 기계, 노동력 등은 조선이 헐값에 제공하는 거야. 예를 들어서 금광 채굴권이라면 광산에서 금을 캐 얻는 이익을, 또 철도 부설권이라면 철도를 놓는 사업을 벌여서 얻는 이익을 그 나라 회사가 갖게 되는 거지. 아직 아무런 산업 기반이 갖추어져 있지 않고 개발도 전혀 이루어지지 않은 땅, 조선은 강대국들에게 너무나 매력적인 곳이었어. 개발만 하면 마음껏 이익을 내고, 그 이익을 아무런 방해 없이 꿀꺽 집어삼킬 수 있었으니까. 1890년대부터 1900년대까지 조선 전역의 광산 채굴권, 철도 부설권, 전화나 전차 부설권, 삼림 벌

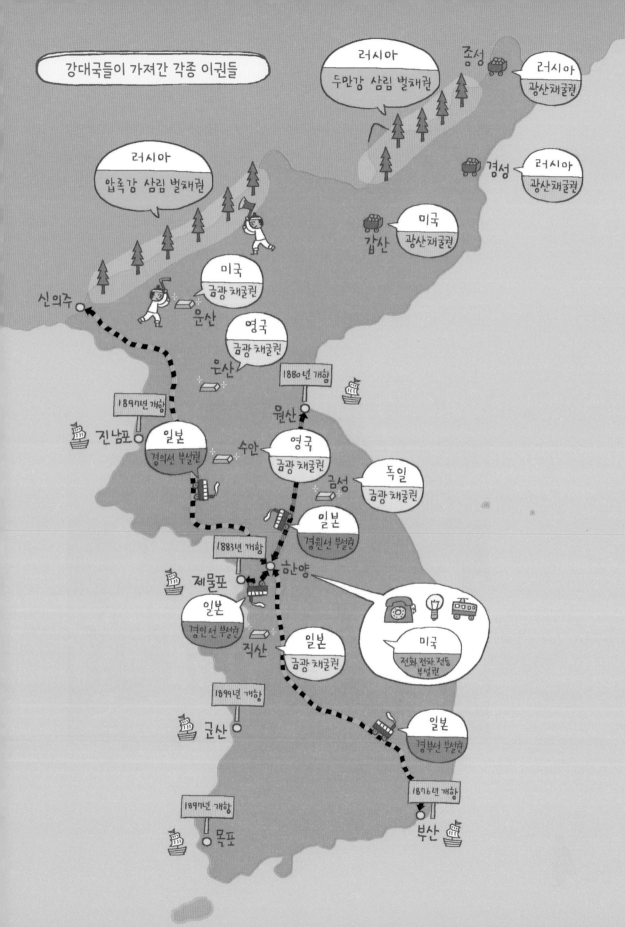

채권 등이 수도 없이 러시아, 미국, 일본, 영국, 독일 등에 넘어갔
어."

"뭐야, 조선이 밥상이야?"

"정말 다들 남의 밥상에 숟가락 들고 덤빈 꼴이네. 내 참!"

투덜거리는 아이들 속에서 허영심이 이상하다는 듯 물었다.

"하지만 안 주면 그만 아닌가요? 러시아나 일본은 어쩔 수 없다
고 쳐도 왜 다른 나라들한테까지 막 줘요?"

"조선으로서는 어떻게든 강대국들 사이의 균형을 맞출 필요가 있

경인선 개통식 1899년 한양 노량진과 인천 제물포를 연결하는 최초의 철도인 경인선이
개통되었어. 원래 미국 회사가 만들기 시작했는데, 돈이 부족해지자 철도 부설권을 일본에게 넘겼어.

었으니까. 만약 어느 한 나라에서 이권을 모두 가져가 버린다면 조선의 경제는 곧 그 나라의 손안에 들어가 버리지 않겠니? 그러니 이권을 달라고 덤벼드는 다른 나라들을 쉽게 물리칠 수 없었던 거야. 경우에 따라서는 조선을 넘보는 나라들을 막아 달라는 뜻으로 이권을 넘기기도 했지. 고종이 미국 회사에 금광 채굴권을 준 것이 바로 그런 이유였어."

"큰일일세, 큰일이야……."

장하다의 한숨 소리가 크게 울려 퍼졌다.

"이렇게 정치, 사회는 물론 경제 분야까지 온통 외국 세력들에게 휘둘리게 된 조선에서 자주 쓰이기 시작한 말이 있어. 바로 '자주'와 '독립'이지. 그 전까진 '개화'나 '개혁'이 조선의 가장 급한 숙제였다면 이제는 어떻게 조선이 스스로의 힘으로 홀로 설 것인가 하는 문제가 더 큰 숙제가 된 거야. 이 무렵 생겨난 독립 협회라는 단체의 활동을 보면 이런 흐름을 확인할 수 있어. 너희들 갑신정변 생각나지? 1884년에 급진 개화파들이 일으킨 정변 말이야."

"당연히 생각나죠! 그랬다가 청나라 군사들이 껴드는 바람에 사흘 만에 쫓겨났다는 것도 전 똑똑히 기억나는데요."

장하다가 목에 힘을 주며 말했다.

"그래! 그때 살아남은 급진 개화파들 중 하나였던 서재필은 미국으로 건너갔어. 아예 미국 사람이 되어 학교도 다니고 의사로도 활

곽두기의 국어사전

자주와 독립
자주(自主)란 스스로 주인이 된다는 뜻이고, 독립(獨立)이란 홀로 선다는 뜻이야.

《독립신문》 한글로 쓰여진 국문 3면과 이를 요약한 영문 1면으로 발행되다가, 국문판과 영문판이 따로 발행되었어. 조선 정부는 신문 창간 비용을 내주고, 정부의 건물을 빌려주는 등 지원을 아끼지 않았지.

동했지. 그리고 십여 년 만에 그는 다시 조선으로 돌아왔어. 개화 정책을 추진할 사람이 필요하던 새 정부는 그를 불러들여 신문을 간행하도록 했어. 이렇게 해서 1896년 4월에 서재필의 주도로 《독립신문》이 창간되었어. 한자를 모르는 백성들도 읽을 수 있도록 순 한글로 만들었고, 외국인들을 위해 영어판도 함께 간행했지. 서재필은 이 신문을 통해 조선이 자주적인 나라로 우뚝 서기 위해서는 서양의 과학 기술을 도입해 산업을 발전시켜야 한다고 주장했어. 백성들 모두 교육을 받아 무지함에서 깨어나야 한다고도 했지."

"어머, 모처럼 조선 사람들의 움직임이네요!"

허영심이 반가운 목소리로 말했다.

"《독립신문》의 활동은 그해 7월 독립 협회라는 단체의 창립으로 이어졌어. 서재필과 함께 활동하던 급진 개화파 지식인들, 또 정부 관리들이 두루 참여했어. 독립 협회가 제일 처음 한 일은 독립문을 세운 일이야."

"독립문이요? 독립문역에 가면 서 있는 거 그거?"

"그래. 원래 그 자리에는 영은문이라는 문이 세워져 있었어. 중국 사신이 오면 왕실에서 나가 맞이하던 문이었지. '영은(迎恩)'이란 은 인을 맞아들인다는 뜻이야. 즉, 그동안 조선과 중국이 맺어 온 관 계를 상징하는 문이나 다름없었던 거지. 독립 협회는 영은문이 헐 린 자리에 새로 문을 세운 뒤 나라의 독립을 지키겠다는 뜻으로 독 립문이라고 이름 붙였어. 그 뒤 독립 협회는 조선 백성들을 계몽시 키는 일에 앞장섰어. 수시로 강연회와 토론회를 열어 조선의 자주성 과 독립을 지켜 내야 한다는 점, 그러려면 적극적으로 사회를 개혁 해서 강대국에 뒤지지 않는 실력을 키워야 한다는 점을 강조했지."

"잘됐다! 그럼 이제 정부 관리들끼리만 쑥덕쑥덕해서 나랏일을

독립문 왼쪽에 보이는 기둥 두 개는 영은문의 주춧돌이야. 오른쪽에 있는 것이 독립문인데, 프랑스 파리의 개선문을 본떠 만들었어. 독립 협회는 독립문을 세우기 위해 모금을 했고, 돈을 내면 누구나 독립 협회의 회원이 될 수 있었지. 독립문과 영은문의 주춧돌은 현재 서울 서대문구에 있고 사적으로 지정되었단다.

이랬다저랬다 못하겠네요. 지금까지 계속 그랬던 게 은근히 신경질 났는데!"

허영심의 들뜬 목소리에 나선애도 고개를 끄덕였다.

"맞아. 자주독립이란 게 몇 사람만 가지고 지킬 수 있는 거겠어? 백성들에게도 제대로 알리고 힘을 모아야지. 그러고 보니까 서재필이라는 사람이 중요한 일을 했네. 외국 가 있는 동안 느낀 게 많았나 봐."

이 모습을 흐뭇하게 지켜보던 용선생이 "그런데 얘들아" 하고 다시 시선을 모았다.

"금방 너희가 말한 것처럼 서재필이나 《독립신문》, 그리고 독립 협회의 활동은 조선 백성들의 자주 의식을 높이는 데 큰 역할을 했어. 하지만 한계도 있었어. 서재필은 자주독립을 외치면서도 한편으로는 서양, 특히 미국에 대해 지나치리만치 긍정적인 태도를 보였어. 미국에서 돌아온 뒤에도 제이슨 필립이라는 미국 이름을 사용했고, 조선의 정치 제도는 물론 식생활까지 미국식으로 바꿔야 한다고 했지. 그런가 하면 《독립신문》에는 외국 군대가 조선의 질서를 지켜 주고 있는 것이 다행이라는 이야기도 나와. 그렇지 않았으면 동학 농민군이나 의병들이 나라를 얼마나 어지럽혔을지 모른다는 거였지."

"엥? 뭔가 앞뒤가 안 맞네."

"그럼 동학 농민군이랑 의병들이 나쁜 사람들이었다고 한 거잖아요. 그 사람들도 다 조선의 자주 독립 때문에 싸운 거 같은데."

"그래⋯⋯. 《독립신문》을 만든 사람들도 백성들의 뜻을 진정으로 이해하지는 못했던 것 같아. 그들에게 조선은 서양식으로 뜯어고쳐야 할 낡은 사회로만 비쳐졌고 백성들은 아무것도 몰라서 가르치고 깨우쳐야 할 대상으로 생각되었던 거지."

에이, 설마?

'황제의 나라'로 거듭나다

"자, 어쨌든 이렇게 조선의 자주독립이 최대의 화두가 된 가운데, 1897년 2월! 드디어 고종 임금이 1년 만에 러시아 공사관에서 나왔어. 나라의 주권을 지키려면 임금부터 궁궐로 돌아와 위엄을 찾아야 한다는 여론이 높아진 때문이었지. 하지만 고종은 경복궁으로 돌아가지 않고 경운궁으로 들어갔어. 경운궁이 러시아 공사관이나 다른 나라 공사관들과 가까운 곳에 있었거든. 이때도 여차하면 외국 세력의 보호를 받아야겠다는 생각을 갖고 있었던 거야. 고종이 왕궁으로 돌아오자 그동안 말이 아니었던 나라의 체면을 되살려야 한다고 생각하는 사람들이 많아졌어. 이 기회에 공식적으로 조선의 위상을 한 단계 높여야 한다고 주장하는 이들도 생겨났지."

"위상을 한 단계 높여요? 그게 무슨 말이에요?"

곽두기가 눈을 깜박거리며 물었다.

"조선이 황제의 나라로 다시 태어나야 한다는 말이야. 조선이 명나라나 청나라를 섬기던 시절에는 절대로 조선의 왕이 황제가 될 수 없었어. 조선 왕 위에 중국 황제가 있다는 생각 때문이었지. 하지만 조선은 더 이상 청나라를 받들어 모시지 않기로 했어. 조선이 청나라로부터 독립한 대등한 나라라는 사실을 해외에도 널리 알리고 다른 나라들이 함부로 대하지 못하게 하고 싶고. 그래서 황제가 다스리는 나라로 탈바꿈하려고 한 거야."

"아하~ 그럼 진작 황제의 나라가 될 걸 그랬네요!"

"고종도 똑같은 생각이었나요?"

"그랬지! 고종도 그대로 가다간 나라의 운명이 위태롭다는 사실을 잘 알고 있었고, 왕권도 되살리고 싶었으니까. 1897년 10월, 고종은 황제 즉위식을 치르고 나라 이름을 '대한 제국'으로 고쳤어. '대한'은 옛 삼한을 크게 아우른다는 뜻이라고 알려져 있어. '제국'이란 황제가 다스리는 나라에 붙이는 말이야. 지금 우리나라의 이

황궁우의
지금 모습은?

용선생 현장 강의

황궁우와 환구단 황궁우는 하늘 신의 위패를 모시는 곳이고, 환구단은 황제가 하늘에 제사를 지내는 제단이야. 고종은 환구단에서 황제 즉위식을 치렀어. 왼쪽에 뾰족하게 솟아 있는 건물이 황궁우이고, 오른쪽에 있는 지붕 있는 건물이 환구단이야. 일제에 의해 환구단은 허물어지고 지금은 황궁우만 남아 있어.

황제 제복을 입은 고종 러시아나 독일처럼 황제가 강력한 힘을 가진 나라를 꿈꾸던 고종은 유럽 황제의 제복을 입었어.

대한 제국은 자주독립 국가임을 선포하노니

고종 황제

제국? 힘도 없으면서 제국?

누구 맘대로?

일본인들

름 대한민국도 이 대한 제국으로부터 비롯된 거란다."

"조선 끝, 대한 제국 시작! 박수 박수!"
장하다의 호들갑에 아이들도 덩달아 박수를 쳤다.

"대한 제국으로 거듭났으니 이제 새 나라를 어떻게 이끌어 갈 것인가가 문제였지. 대한 제국의 정치 체제에 대한 주장은 두 가지로 나뉘었어. 하나는 황제의 권력을 강하게 세워서 황제를 중심으로 국력을 키우자는 주장, 또 하나는 백성들의 대표로 의회를 꾸려서 황제와 의회가 협력하여 나라를 이끌어 가야 한다는 주장이었어. 의회를 세우자고 주장한 것은 주로 독립 협회의 중심 인물들이었어. 양쪽은 팽팽히 맞서며 서로 다른 길을 걷기 시작했지. 처음 독립 협회가 만들어질 때 힘을 보탰던 정부 관리들은 독립 협회와 아예 손을 끊게 되었고, 대한 제국이 세워질 때 뜻을 함께했던 독립 협회의 중심 인물들은 정부의 일에 나서지 않게 되었지."

"어휴, 뭐가 또 복잡하게 꼬이기 시작하네요."

이야기가 어려운지 장하다가 머리를 긁적였다. 용선생은 좀 더 천천히 설명을 이어 갔다.

"여기서 중요한 건 백성들의 뜻이었어. 잘 들어 봐. 이 무렵 독립 협회는 '만민 공동회'라는 큰 규모의 군중대회를 열기 시작했어. 말 그대로 만민, 즉 모든 사람들이 자유롭게 참여해 공동으로 이끌어 나가는 모임이야. 종로 한복판에서 열린 이 대회에는 양반 출신이든 천민 출신이든 상관없이 누구나 참여해서 자기 생각을 말하고 다른 사람들과 함께 토론할 수 있었어. 거의 날마다 열린 이 대회는 처음엔 독립 협회가 주도했지만 점점 백성들 스스로 이끌어 나가게 됐어. 이 자리에서는 여러 이권을 빼앗아 간 러시아와 그런 러시아에 의존하는 정부에 대한 비판이 이루어지기도 하고, 대한 제국의 자주독립을 지키기 위한 방안들이 논의되기도 했지. 뿐

만 아니라 앞으로는 백성들이 정치에 참여할 수 있도록 해야 한다는 이야기도 나왔어. 의회를 통해 나라를 다스리자는 것은 독립 협회를 이끈 이들만의 생각이 아니었던 거야. 특히나 10월에는 정부 관리들을 불러서 관리와 백성들이 함께 참여하는 '관민 공동회'를 열고 그 자리에서 합의된 내용을 정리해 고종 황제에게 승인까지 받았어. 관민 공동회에서는 의회의 대표를 백성들의 손으로 직접 뽑게 해 달라는 요구 사항도 나왔어. 독립 협회가 나라의 지도층을 추려서 의회를 꾸리자고 한 데 비하면, 백성들이 정치에 참여할 권리를 한층 더 강하게 요구한 거였지."

"와, 요즘의 민주주의랑 비슷하네요? 이번엔 잘됐음 좋겠다!"

나선애가 고개를 반짝 세우며 외쳤다.

"그래, 처음엔 잘되는 듯했지. 고종 황제는 백성들의 열기를 외면

만민 공동회
1898년 3월부터 같은 해 12월에 걸쳐 전개된 민중 대회야. 독립 협회 주도로 열린 제1차 만민 공동회 이후에는 민중들 스스로 개최하였어. 또 1898년 10월에는 관리를 불러 백성들과 함께 '관민 공동회'를 열었어.

할 수 없었기에 만민 공동회의 요구 사항을 여럿 받아들였어. 일단 부산의 절영도라는 섬을 러시아에 빌려주기로 했던 것을 취소했어. 겨울에도 얼지 않는 항구가 필요했던 러시아는 절영도를 자기네 해군의 석탄 저장 기지로 쓸 셈이었어. 만민 공동회가 이를 막아 낸 거지. 또 고종은 만민 공동회에서 비판을 많이 받은 정부 관리들도 갈아 치웠고, 백성들과 독립 협회의 요구를 받아들여 의회도 세웠어. 그런데 의원을 뽑는 선거를 앞두고 일이 터졌어. 황제권을 중심으로 나라를 이끌어 가야 한다고 주장했던 관리들이 의회 설립에 앞장선 이들을 모함한 거야."

"모함이라니요?"

"의회를 세우려는 이들이 고종 황제를 아예 몰아내고 대통령이 다스리는 나라를 만들려고 한다는 거였지. 결국 그 말에 넘어간 고종은 만민 공동회와 독립 협회를 강제로 해산시켜 버리고 말았어. 그로써 백성들의 정치 참여 권리를 보장하려던 의회 정치의 꿈도 날아가 버렸지. 그리고 1899년 8월, '대한국 국제'라는 것이 선포되었어. 그 내용은 대한 제국의 황제가 나라의 모든 영역에서 무한한 권한을 갖는다는 것이었지."

아이들 사이에서 "어휴" 하는 한숨 소리가 터져 나오고, 입을 쑥 내민 장하다가 힘없는 목소리로 용선생을 불렀다.

"선생님, 김 다 샜어요……. 오늘 수업 그만해요."

곽두기의 국어사전

대한국 국제
(大韓國國制)
대한 제국의 헌법 같은 거야. 근데 헌법과 달리 '제(制)'라는 말에는 '황제의 명령'이라는 뜻이 담겨 있어.

"저런, 실망이 컸구나. 이제 거의 끝났다. 그 뒤 대한 제국은 나름대로 여러 가지 개혁 정책을 펼쳤어. 이때 이루어진 개혁을 대한 제국의 연호인 '광무'를 붙여 '광무개혁'이라고 불러. 그 내용을 보면 우선 외국 세력에 의지하지 않고 국력을 키우기 위해 상공업을 발전시키려 노력했어. 그에 따라 은행이며 철도 회사, 섬유 공장들이 속속 들어서게 됐고, 교육에서도 기술을 가르치는 실업 학교가 많이 생겨나게 되었어. 또 세금을 안정적으로 거두어들여 나라의 재정을 튼튼히 하기 위해 전국적으로 토지를 조사해서 토지 주인에게 '지계'라는 것을 발급해 주었어. 그런가 하면, 독도와 간도가 대한 제

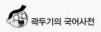

곽두기의 국어사전

지계
나라에서 토지 소유권을 증명해 주는 문서야.

대한 제국 칙령 제41호 1900년 10월 25일에 고종 황제는 울릉도를 독립된 군으로 만들면서 죽도와 석도가 대한 제국의 영토라는 것을 알렸어. 여기서 석도는 독도를 가리키는 것이야. 1904년에 독도를 자신들의 땅이라고 주장한 일본보다 4년이나 앞섰단다.

국의 영토라는 점을 분명히 밝혀서 안팎으로 나라의 위상을 확립하려고도 했지. 의회를 통해 정치에 참여하고자 했던 백성들의 소망을 저버린 뒤 황제 위주로만 이루어진 개혁이긴 했지만……. 그래도 외국 세력의 간섭 없이 대한 제국 스스로 주도한 개혁이었다는 점만은 높이 평가해 줘야 할 거야. 그렇지 않니?"

"네, 뭐…… 듣고 보니 그건 그렇네요."

여전히 힘없는 목소리의 장하다가 대답했다.

"얘들아, 오늘도 참 많은 이야길 했지? 너무 열심히 공부해서 지쳤니?"

"진짜 그래요. 일주일 할 공부를 오늘 다한 기분이에요."

"저는요, 머리에서 윙윙 소리가 나려고 해요."

이번엔 허영심과 곽두기의 피곤한 목소리였다.

"음, 사랑하는 제자들을 이렇게 지친 얼굴로 보낼 수야 있나. 우리 대한 제국의 자주독립을 바라는 마음으로 독립문 앞에 갈까?"

"네에?"

"아으, 싫어요."

"움직일 힘도 없단 말이에요!"

아이들이 펄쩍 뛰자 용선생이 한마디 덧붙였다.

"거기 무진장 맛있는 치킨 집이 있는데 싫음 할 수 없……."

"가죠!"

용선생이 채 말을 끝맺기도 전에 장하다가 벌떡 일어섰다. 다른 아이들도 두말없이 후다닥 가방을 챙기기 시작했다.

나선애의 정리노트

1. 청일 전쟁 후에 있었던 일들

　　일본, 청나라에게서 랴오둥반도를 빼앗음

→ 러시아·프랑스·독일, 일본에게 랴오둥반도를 청나라에게 돌려주라고 함(삼국 간섭)

→ 일본, 청나라에게 랴오둥반도를 돌려줌 → 러시아, 조선에 접근

→ 일본, 조선에서 궁지에 몰림 → 일본인들이 왕비 민씨를 살해함(을미사변)!

2. 고종은 왜 러시아 공사관으로 피신했을까?

- 왕비가 살해당한 후 고종은 일본에 의해 손발이 꽁꽁 묶인 신세였음

- 일본의 영향에서 벗어나기 위해 러시아 공사관으로 피신

- 러시아의 영향력이 커지고 친러 정부가 들어서게 됨

3. 고종, 황제가 되다

① 지식인과 의병들의 환궁 요구 ↑

→ 러시아 공사관으로 옮긴 지 1년 만에 경운궁으로 돌아옴

② 대한 제국 선포: 스스로 황제가 됨

③ 광무개혁 실시: 은행, 철도, 섬유 공장, 학교 등을 설립

　　　　　　'지계(토지 소유권을 나라에서 인정해 주는 문서)' 발급

4. 독립 협회
　　　　　　　　　━━━━━ 정부의 지원으로 《독립신문》 창간
① 서재필이 중심이 되어 만듦

② 독립문을 세움. 만민 공동회, 관민 공동회 등 대중 집회 개최

③ 고종과의 갈등 → 결국 고종이 독립 협회를 강제로 해산시킴

고종		독립 협회
황제의 권력을 키우자	VS	의회를 통해 나라를 다스리자

용선생의 역사 카페

역사계의 슈퍼스타,
용선생의 역사 카페에
오신 걸 환영합니다

Log in

게시판 ∨

📄 역사가 제일 쉬웠어용!
📄 이제는 더~ 말할 수 있다!
📄 필독! 용선생의 매력 탐구
📄 전교 1등 나선애의 비밀 노트

조선인들,
하와이로 이민을 떠나다

1902년 12월 추운 겨울, 121명의 조선인들이 설렘과 두려움을 느끼며 배에 올라탔어. 그들이 탄 배는 인천을 떠나 일본으로 향했어. 그곳에서 그들은 신체검사를 받은 뒤 하와이로 가는 배를 탈 예정이었지. 왜 그들은 머나먼 하와이로 간 것일까?

1898년에 미국 땅이 된 하와이에는 사탕수수(설탕의 원료)와 파인애플을 대규모로 재배하는 농장들이 많았어. 그러다 보니 일할 사람이 많이 필요해서 처음에는 중국인, 그다음에는 일본인들의 이민을 추진했지. 그런데 중국인, 일본인들이 근무 조건을 개선해 달라고 요구하기 시작했어. 그러자 하와이 농장주들은 조선으로 눈을 돌렸던 거야.

그들은 미국인 대표를 보내서 고종의 허락을 받아 냈어. 대한 제국은 이민을 담당하는 '수민원'이란 기관을 세웠지. 그리고 미국인 사업가들은 이민자를 모집하기 위한 광고를 내보내기 시작했어. '하와이는 춥거나 덥지 않고 기후가 온화하다', '누구나 무료로 교육을 받을 수 있다', '돈을 많이 벌 수 있다'는 내용의 광고였지. 그럼에도 이민을 가려는 사람은 별로 없었어. 그러자 서양 선교사들이 기독교인들을 설득했어. '천국'인 미국으로 가는 게 '하나님의 뜻'이라고 말이야. 그렇게 해서 총 121명의 남녀가 최초로 하와이 이민을 떠나게 된 거야. 그 뒤로도 꾸준히 이민이 추진되었고 말이야.

하지만 하와이에 도착한 조선인들은 금세 실망하고 말았어. 새벽 5시에 일어나 37.8도가 넘는 무더위 속에서 하루 10시간씩 허리를 굽히고 억센 수숫대를 잘라야만 했거든. 허리가 너무 아파서 살짝 펴기라도 하면 감독이 말을 타

대한 제국의 여권

고 달려와 가죽 채찍을 휘두르며 알아듣지 못할 말을 했어. 게다가 월급으로 받은 돈도 하와이로 오는 데 든 경비를 갚는 데 쓰였지.

이렇게 힘든 상황임에도 불구하고 조선인들은 단체를 만들어 자신들의 목소리를 높여 갔어. 그리고 악착같이 돈을 모아 고향으로 되돌아오기도 하고, 로스앤젤레스나 샌프란시스코로 건너가 새로운 삶을 살기도 했어. 그리고 조선의 자주와 독립을 위한 활동에도 힘을 쏟았지.

COMMENTS

 나선애 : 와, 하와이는 머나먼 섬인 줄로만 알았는데 우리랑 이런 인연이 있었군요.

↳ 용선생 : 응, 1902년부터 1905년까지 약 7,200명의 조선인들이 하와이로 이민을 갔어. 근데 여성보다 남성이 훨씬 더 많아서 남성들이 결혼하는 데 어려움을 겪었대. 그래서 '사진 결혼'이란 게 유행했어. 자신의 사진을 조선에 보내서 신붓감을 구한 거지.

한국사 퀴즈 달인을 찾아라!

달인을 찾아라!

달인 트로피

출발!

01 ★☆☆☆☆

청일 전쟁에서 이긴 일본은 청나라에게서 랴오둥반도를 빼앗았어. 그런데 러시아는 프랑스, 독일과 손을 잡고 일본에 압력을 넣었어. 결국 일본은 랴오둥반도를 청나라에 되돌려 줘야 했지. 러시아 · 독일 · 프랑스가 일본을 간섭했던 이 사건을 뭐라고 불렀더라?

□□ □□

힌트! '세 나라'가 간섭을 했기 때문에 □□ □□이라고 불러.

02 ★★☆☆☆

수재는 오늘 배운 사건들을 시간 순서대로 정리해 봤어.

○○사변 – 단발령 – ○○의병 – 아관 파천

○○ 안에 공통적으로 들어가야 할 단어는 뭘까? (   )

아이들이 고종이 러시아 공사관으로 피신한 사건에 대해서 얘기를 나누고 있어. 그런데 딴소리를 하는 아이는 누굴까? (   )

 ① 고종은 이 일로 얻은 게 있고 잃은 게 있어. 일단 얻은 건, 일본의 간섭에서 벗어났다는 것!

 ② 대신 러시아의 간섭을 받아야만 했지. 이 과정에서 수많은 이권들이 열강들의 손에 넘어갔어.

 ③ 외세에 휘둘리는 이런 상황 속에서, 백성들이 진정한 독립을 간절히 원하는 건 너무나 자연스러운 일이었을 거야.

 ④ 이런 분위기를 타고, 독립 협회라는 단체가 생겨났어! 조선의 독립을 위해 토론회도 만들고, 독립문도 세우는 등 많은 일을 했지.

 ⑤ 고종도 독립 협회를 좋게 생각했어. 고종은 나중에 독립 협회와 손잡고 의회를 만들었고, 의회는 대한 제국의 개혁에 큰 기여를 했어.

독립 협회가 큰 규모의 군중대회를 열었다고 했지? 모든 사람들이 자유롭게 참여한 이 대회를 뭐라고 할까? (   )

① 시민 공동회   ② 만민 공동회
③ 농민 공동회   ④ 국민 공동회

04 ★★★★★

다음은 어느 왕이 쓴 일기야. 이 일기를 쓴 왕이 한 일로 옳지 않은 것은 무엇일까?

(   )

> 오늘은 러시아 공사관으로 몸을 피한지 1년이 되는 날이다. 그동안 나는 빼앗긴 왕권을 찾기 위해 노력했다. 이제는 러시아 공사관에서 벗어날 때이다.

① 삼정이정청을 설치해 세금 문제를 해결하려고 했다.
② '대한국 국제'를 만들어 황제의 권리를 강화시키려 했다.
③ 대한 제국 칙령으로 독도가 우리 땅임을 분명하게 밝혔다.
④ 황제 즉위식을 치르고, 나라 이름을 '대한 제국'으로 고쳤다.

• 정답은 307쪽에서 확인하세요!

1876년 나라의 문을 연 이후 조선에는 서양의 근대 문물이 쏟아져 들어오기 시작했어.
전신과 전화가 사용되었고, 철도는 곳곳을 이어 주며 사람들을 빠르게 이동시켜 줬지.
의식주 생활 모든 면에서 삶의 모습은 크게 달라지게 되었고,
서양식 교육과 언론은 사람들의 생각에도 큰 변화를 주었어.
자, 그럼 근대 문물이 들어오고 나서 사람들의 삶과 생각이 어떻게 달라졌는지 살펴보자!

1883
원산 학사가
세워지다

이화 학당이
세워지다
1886

경복궁에
전등을 밝히다
1887

명동 성당이
세워지다
1898

서울-인천 사이
기차 운행을
시작하다
1899

《금수회의록》이
발표되다
1908

덕수궁 석조전의 오늘날 모습

조선, 근대의 옷으로 갈아입다

✔ 알고 있는 용어에 체크해 보자!

☐ 철도 ☐ 원산 학사 ☐ 대한매일신보 ☐ 주시경

"와~ 날씨 좋네!"

화창한 날씨에 기분 좋아진 용선생이 콧노래를 부르며 역사반 교실의 문을 열었다. 웅성대던 아이들은 문 여는 소리가 들리자 일제히 봇물 터지듯 준비한 말들을 꺼내 놓았다.

"선생님, 밖을 보세요. 날씨가 너무 좋아요!"

"선생님, 오늘은 야외 수업하면 안 돼요?"

아이들의 귀여운 투정에 용선생도 잠시 고민하다 말했다.

"그래, 좋다! 오늘은 야외 수업을 하자꾸나! 그럼 준비하고 올 테니 조금만 기다리렴."

잠시 후 모습을 드러낸 용선생은 조선 시대에서 튀어나온 사람처럼 때가 낀 낡은 옷을 입고는 한 손에는 커다란 짐 보따리를 들고 있었다.

"선생님, 왜 옛날 옷을 입고 계세요?"

"그 짐 보따리는 뭔가요?"

"이 옷은 개항기 때 사람들이 입었던 옷이야. 우리 역사반 수업을 위해 옛날 옷들을 몇 벌 챙겨 놓고 있었는데, 마침 오늘 너희들에게 보여 줄 수 있겠구나. 자 그럼 얼른 나가 보자!"

아이들은 어리둥절했지만, 이내 신나는 표정으로 교실 밖으로 총총 나갔다.

"저…… 선생님. 오늘 그 옷 계속 입고 계실 건가요? 혹시 저희들도 입어야 하는 건 아니죠? 그냥 우리 교실에서 수업해요. 그게 좋겠어요!"

허영심은 용선생이 입은 옷이 아무래도 신경이 쓰이는 눈치였다.

"아니야. 요새 우리가 야외 수업을 안 해서 얼마나 밖으로 나가고

싶었겠니. 사양하지 말고 얼른 나가자꾸나!"

"맑은 공기 마시고 얼마나 좋아! 얼른 나가자!"

은근히 야외 수업을 기다리고 있던 장하다도 교실 밖에서 고개를 내밀고는 말했다.

떠밀리듯 끌려 나온 허영심을 끝으로 용선생과 아이들은 모두 교실 밖으로 나왔다.

외국에 나가 신문물을 접한 사신들

"선생님, 그런데 지금 어디로 가는 거예요?"

"오늘은 내가 너희들에게 시간 여행을 시켜 주마."

시간 여행이라는 말에 장하다가 흥분을 감추지 못했다.

"우아! 시간 여행이면 타임머신 타고 과거로 가는 거예요?"

"타임머신이 어디 있겠냐? 그냥 하시는 소리겠지."

왕수재가 한심하다는 표정으로 장하다에게 핀잔을 줬다.

"꼭 타임머신이 아니어도 시간 여행할 수 있는 방법은 많단다. 오늘 시간 여행의 수단은 바로 이거다!"

용선생이 아이들을 데리고 온 곳은 다름 아닌 지하철역이었다. 실망한 장하다가 용선생에게 툴툴거리며 물었나.

"에이, 저는 뭐 마법 양탄자라도 타고 과거로 가는 건 줄 알았는데, 겨우 지하철 타고 가는 거예요?"

"하하, 마법 양탄자를 타고 시간 여행을 가는 것은 다음 기회에 꼭 하자꾸나."

"그럼 그렇지……."

용선생과 아이들이 지나가는 곳마다 사람들이 용선생의 옷을 보며 킥킥 웃었다. 용선생과 아이들은 2호선에서 1호선으로 갈아타고 서울역에 내렸다.

"애들아 지하철을 갈아타면서 뭐 이상한 점 못 느꼈니?"

"네, 선생님 옷이 이상해서 사람들이 다 쳐다봐요."

아이들이 입을 모아 답했지만, 용선생은 못 들은 척 말을 돌렸다.

"흠흠. 1호선은 열차가 좌측으로 통행하는데, 2호선부터는 우측으로 통행을 한단다. 말로만 설명하면 이해가 잘 안 갈 테니 그림으로 보여 주마."

그림을 본 아이들은 이제야 뭔가를 깨달은 듯했다.

"선생님 말씀을 듣고 보니 그러네요. 그런데 왜 1호선만 좌측으로 통행을 하는 거예요?"

"그건 1호선의 역사와 관련이 있

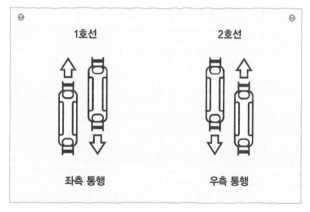

어. 너희들 일본에서는 우리나라와 달리 좌측통행을 하는 것 알고 있니?"

"네, 부모님과 함께 일본 여행 갔을 때 차가 다 우리와 반대 방향으로 가는 것을 보고 깜짝 놀랐어요."

일본으로 여행을 갔던 사실을 자랑하고 싶었던 왕수재가 얼른 대답했다.

"그래, 일본은 예전부터 좌측통행을 했단다. 그런데 개항기 때 우리나라에 최초로 철도를 세운 나라가 바로 일본이었어. 그래서 일본은 우리나라의 철도를 일본처럼 좌측으로 운행하게 만들었지. 지하철 1호선의 뿌리가 되는 경인선도 19세기 말에 일본 사람들이 건설했기 때문에 좌측으로 통행하게 만든 거란다. 2호선부터는 1980년 이후에 건설되었기 때문에 자동차 도로처럼 우측통행을 하게 만든 거고.

"우아, 지하철이 가는 방향에도 우리 근대사의 흔적이 남아 있는 거네요? 재밌다. 히히."

"그래, 현재 우리가 살고 있는 모습의 많은 부분이 개항기 때 들어온 문물과 제도의 영향을 받았어. 오늘은 개항기 때 새로 들어온 문물과 제도가 조선 사회를 어떻게 바꿔 놓았는지에 대해 살펴볼 거란다."

용선생은 아이들을 데리고 천천히 걸으며 설명을 이어 갔다.

"지난번에 공부한 것처럼 조선은 1876년 일본과 조약을 맺고 나

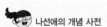

나선애의 개념 사전

근대
지금으로부터 멀지 않은 가까운 시대란 뜻이야. 근대에는 정치, 경제, 사회, 문화, 과학 기술 등 전반에 걸쳐 큰 변화가 일어났어. 사회적으로 신분제가 없어진 것, 경제적으로 자본주의 체제가 된 것 등이 바로 그것이야. 우리나라에서 근대의 출발은 보통 1876년 개항 이후로 생각하고 있어.

라의 문을 열었어. 나라의 문을 열었으니 조정에서는 앞선 외국의 문물을 적극적으로 받아들이기로 했지. 그래서 일본과 중국, 미국 등에 학생과 사신을 보내 앞선 문물을 배워오게 했어. 일본에는 수신사를, 중국에는 영선사를, 미국에는 보빙사를 파견했지."

"예전 수업 시간에 들어본 것 같은데……."

"그래. 당시에 직접 미국을 방문했던 사람들은 난생 처음 접하는 서양 세계가 얼마나 낯설었겠니. 민영익이 중심이 되어 조선을 떠난 보빙사 일행은 1883년 초에 미국 샌프란시스코에 도착했단다. 이들은 다시 일주일 동안 기차를 타고 워싱턴에 도착했어. 그리고 뉴욕에서 휴가 중인 체스터 아서 미국 대통령을 만나 국서를 전달했지. 그런데 미국 대통령을 만난 보빙사들은 예의를 차린다고 우리 식으로 큰 절을 올렸대. 이 모습이 굉장히 낯설었는지, 미국 신문에 크게 보도되기도 했단다. 이렇게 여러 가지 우여곡절을 겪었지만, 보빙사 일행은 보스턴에서 개최된 만국 박람회를 구경하기도 하고, 여러 근대적 시설과 제도를 접하면서 조선도 얼른 서양식으로 개혁을 해야겠구나 하고 절실히 깨달았단다."

"드디어 세상의 변화에 동참하게 된 거군요!"

"외국에서 신문물을 접한 사신들은 조선으로 돌아와 박문국을 설치하여 신문을 발행하고, 기기창을 세워서 신식 무기를 만들었어. 그리고 전환국을 설치하여 새로운 화폐를 만들게 했지. 이 밖에도

허영심의 인물 사전

민영익
(1860~1914)
고종의 왕비인 민씨의 친척으로, 온건 개화파의 대표적인 인물이야. 젊은 나이에 왕비 민씨의 총애를 받아 중요한 관직을 두루 거치며 큰 권력을 가지게 되었어.

곽두기의 국어사전

국서
한 나라의 대표가 나라의 이름으로 외국에 보내는 외교 문서야.

병원, 전신 회사, 농업 목축 시험장, 우체국 등 새로운 제도를 만들고 시설을 설치하는 데 온 힘을 기울였단다. 이러한 노력들이 모여 조선은 서서히 근대로 넘어가고 있었지.”

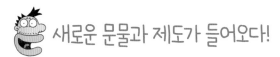

새로운 문물과 제도가 들어오다!

“어라, 신문·화폐·병원·우체국은 지금도 흔히 볼 수 있는 것들인데, 모두 개항기 때 들어온 것들이었나요?”

“그래, 지금 우리가 너무 당연하게 여기는 문물과 제도들이 이때 들어온 게 많단다. 지금 우리 삶에 없어서는 안 될 ‘전등’과 ‘전기’도 이때부터 사용하기 시작했지. 당시 전등은 ‘물불’이라고도 불렀어.”

전깃불이 처음 들어온 날 최초의 전구는 1879년 미국인 에디슨과 영국인 스완에 의해 거의 동시에 만들어졌어. 우리나라는 1886년에 에디슨 전등 회사를 통해 전구를 수입했고, 1887년 3월에 처음으로 경복궁 안 건청궁에 전깃불을 켰어. 그때의 모습을 상상해서 그린 그림이야.

"'물불'이라고요? 물과 불은 뭔가 안 어울리는 조합 같은데……."

"그래, 뭔가 어색하지? 그런데 전등에 불을 켜려면 뭐가 필요하겠니? 전기가 필요하겠지? 당시에는 연못에 있는 물을 끌어 올려 발전기를 돌려 전기를 얻었단다. 그래서 물의 힘을 이용해 밝힌 불이라고 해서 '물불'이라고 했던 거야. 밤에도 주변을 환하게 비추는 빛을 처음 본 사람들이 얼마나 놀랐을지 짐작이 가니? 당시 사람들이 이러한 전등을 얼마나 신기하고 묘하게 생각했는지, 전등을 '묘화'라고 부르기도 했대."

"저도 앞으로 자기 전에 제 방의 '묘화'를 꼭 끄고 자야겠어요."

장하다의 너스레에 용선생과 아이들은 한바탕 크게 웃었다.

"그리고 이때 들어온 것들이 또 뭐가 있더라……."

이때 갑자기 '에헤라디야~'라는 전화 벨소리가 주변을 가득 울렸다. 발신자를 확인한 용선생이 급하게 전화를 받았다.

최초의 전화 교환수 전화는 1874년 미국에서 발명되었어. 1896년 고종의 명을 각 기관에 전달하기 위해 궁궐 안에 최초로 전화가 설치되었고, 1902년 서울과 인천을 잇는 시외 전화가 최초로 개통되었어.

나선애의 개념 사전

역참제(驛站制)
사람이 말을 타고 달려 편지로 소식을 전하던 교통·통신 수단이야. 도로에 일정 거리마다 역(驛)을 설치하고, 그곳에서 지친 말을 바꾸어 타거나 쉬어 가도록 했어.

"네, 네, 교장 선생님. 또 어딜 돌아다니고 있냐고요? 하하하. 아이들과 함께 야외 수업을 나왔습니다. 네, 얼른 들어가겠습니다."

"교장 선생님께서 지금 바로 들어오래요?" 아이들이 조마조마한 표정으로 묻자, 용선생이 웃으며 답했다.

"다치지만 말고 들어오라는구나. 어디까지 얘기했지?"

"개항하고 나서 새로 들어온 것들이요."

"아, 그랬지. 이 전화도 마찬가지란다. 전화는 1896년에 처음으로 서울의 경운궁과 인천 사이에 개통됐어. 그러다 1900년대 초에는 민간에까지 보급되기 시작했지. 당시는 지금처럼 상대방에게 직접 전화를 걸 수 있는 건 아니었어. 전화를 걸면 중간에 전화 교환수가 받아 통화를 하고 싶은 상대방에게 연결해줬단다."

"오호호, 재밌어요. 그럼 전화 말고 다른 통신 수단도 있었어요?" 허영심이 방긋 웃으며 묻자, 용선생은 더욱 힘이 생겨났다.

"이 시기 통신 수단으로는 전화 말고 우편하고 전신이 있었어. 우편 업무는 1884년 세워진 우정총국에서 담당했어. 하지만 갑신정변이 일어나자 우정총국은 곧 폐지되었지. 이후 잠시 역참제가 부

활하긴 했지만, 1890년대 들어 서울과 각 지방에 우체사가 설치되면서 우편 업무가 다시 시작되었단다. 전신은 전기 신호로 소식을 주고받는 것을 말해. 전신 시설은 서울−인천, 서울−의주 간에 처음으로 설치되었어. 이후에는 일본, 청나라까지 연결되면서 국제 전신망을 갖추게 되었지. 이렇게 우편 제도, 전신, 전화 등이 생기게 되면서 멀리 떨어져 있는 사람에게도 빠르고 편리하게 소식을 전할 수 있게 됐단다. '우편' 얘기가 나오니까 어렸을 때 친구들과 손으로 쓴 편지를 주고받던 기억이 나는구나⋯⋯."

용선생은 잠시 옛 추억에 잠겼지만, 곧 정신을 차리고 설명을 이어갔다.

"개항기 때는 이렇게 소식만 빠르게 전달할 수 있게 된 게 아니란다. 사람들의 이동도 엄청 빨라지게 됐지. 아까 잠깐 했던 철도 얘기를 마저 하자꾸나. 1899년에 서울 노량진과 인천 제물포를 잇는 경인선이 처음 개통되었어. 그리고 1904년 러·일 전쟁이 시작되면서 일본은 군대와 물자를 빠르게 이동하기 위해 서울-부산을 잇는 경부선, 서울-의주를 잇는 경의선을 건설했지."

"그럼 부산에서 의주까지 쭈~욱 철도로 여행하는 것이 가능해졌다는 말이네요?"

"그렇지. 그리고 시내에는 또 다른 교통수단이 있었어. 바로 전차라는 거야. 전차는 아마 처음 들어봤을 텐데, 그럴까봐 내가 이렇게 사진을 가져왔단다."

용선생은 짐 보따리에서 무언가를 주섬주섬 꺼냈다. 그것은 옛날 사진으로 빼곡 채워져 있는 사진첩이었다.

전차 전차란 전기의 힘으로 가는 차를 말해. 오늘날의 지하철과 비슷한데, 땅속이 아닌 땅 위를 달렸어. 1878년 독일에서 처음 발명되었고, 우리나라에는 1899년 처음으로 전차가 도입되어 청량리와 서대문 사이를 오갔어.

"자, 바로 이게 전차란다. 전기의 힘으로 움직여서 전차라고 하는데, 어때, 지하철과 비슷하게 생겼지? 하지만 전차는 지하가 아니라 지상의 철로로 달렸어. 우리나라에서는 1899년 처음으로 개통됐는데, 그때는 서울의 서대문에서

청량리까지 연결돼 있었어. 지금이야 교통 시설이 잘 발달되어 있어서 그리 대단한 것처럼 보이지는 않겠지만, 당시로서는 굉장히 빠르고 편리한 교통수단이었기 때문에 사람들한테 인기가 엄청 많았어. 서울 사람들은 당연히 자주 이용했고, 지방 사람들은 전차를 한번 타보려고 서울에 올라오기도 했대. 어떤 사람은 일하는 것도 제쳐두고 매일 전차를 타느라 빈털터리가 되기도 했어."

"놀이 기구를 한번 타면 멈추질 않는 하다 같은 사람이었군요?"

왕수재가 한마디 던지자 모두 하다를 보며 웃었다. 이때 용선생이 다급한 소리로 외쳤다.

"앗! 영심아, 조심하렴!"

한국에 나타난
자동차
1909년 영국의 잡지에
실린 그림이야. 자동차가
나타나서 사람들이 놀라
도망치는 모습을 그렸어.
자동차를 처음 보고 꽤나
충격을 받았나 봐.

아이들이 하다를 보고 웃고 있는 사이 영심이 옆으로 자전거가 빠르게 스쳐 지나갔다. 아이들은 놀란 가슴을 쓸어 담았다.

"어디서나 교통수단은 조심해야 한단다. 전차가 운행될 때에도 큰 사고가 있었어. 다섯 살 난 아이가 지나가는 전차에 깔려 죽은 일이 있었거든. 그러자 사람들은 화가 나서 전차를 부수고 불태워 버리기도 했어. 이에 고종 황제는 담당 부서에 명령을 내려서 전차가 이동할 때에는 사람들이 철길에 들어서지 못하도록 했대. 그때나 지금이나 길을 다닐 때는 항상 차 조심을 해야 한단다!"

"네, 알겠습니다!"

아이들은 용선생의 복장이 창피하긴 했지만, 그래도 항상 자신들이 다칠까봐 걱정하는 용선생이 고맙고 든든했다.

변화된 의식주 생활

"영심아, 팔에 상처가 났구나. 다행히 병원에 갈 정도는 아니니 내가 약을 발라 줄게."

용선생은 벤치에 앉아 보따리에서 빨간약을 꺼내더니 영심이 팔에 발라 줬다.

"이렇게 영심이를 치료해 주고 있으니, 마치 내가 갑신정변 때 부상당한 민영익을 치료해 주던 알렌이 된 기분이구나."

"민영익은 아까 보빙사 설명할 때 나왔던 사람이고, 알렌은 누구에요?"

"응. 알렌은 미국 개신교 선교사이자 의사로 우리나라에 들어와 선교 활동을 했어. 그러던 중 1884년에 갑신정변이 일어났어. 정변을 일으킨 급진 개화파들은 민씨 정권의 중요 인물이었던 민영익을 죽이려 했지. 결국, 민영익은 온몸에 칼을 맞고 죽을 고비에 놓였단다. 이때 알렌이 짜잔! 하고 등장해 다 죽어 가던 민영익을 서양 의술로 살려냈대. 서양 의술의 힘을 눈으로 확인한 고종은 알렌의 건의를 받아들여 1885년 우리나라 최초의 서양식 병원인 광혜

 허영심의 인물 사전

알렌(Horace Newton Allen, 1858~1932)
미국의 선교사이자 의사로, 한국 이름은 '안련'이야. 갑신정변 때 칼에 찔린 민영익을 치료해 고종의 큰 신임을 받게 되었지. 나중에는 미국의 외교관이 되어 일하기도 했어.

알렌이 사용하던 검안경 알렌은 조선에 서양의 의료 기술을 전하는 데 큰 역할을 했어. 이 검안경은 알렌이 우리나라에서 직접 사용하던 것으로, 눈의 내부를 들여다볼 수 있게 만든 안과용 기구야.

제중원(광혜원) 조선 정부가 1885년에 세운 최초의 서양식 병원이야. 갑신정변 때 민영익을
치료한 알렌에게 병원을 운영하게 했지. 이후에 미국인 부자 세브란스의 기부를 받아 1904년 세브란스
병원이 설립되었어.

원을 설립했지. 광혜원은 나중에 제중원으로 이름이 바뀌게 된단다.

"지금 사람 목숨을 구한 알렌과 빨간약을 바르는 선생님을 비교
하고 계신 건가요?"

용선생은 모른 척 빠르게 설명을 이어 갔다.

"서양 의료 기술의 우수성을 알게 된 대한 제국 정부는 의료 인력
을 양성하고 국민을 진료하기 위해 관립 의학교와 국립 병원 등을
만들었어. 사람들은 이제 아프면 병원에 가서 서양 의학을 공부한
의사들에게 진료를 받게 됐지. 이렇게 서양의 문물은 우리 생활 깊

숙이 스며들게 되는데, 이쯤에서 내가 또 옷을 한번 갈아입어 줘야
겠구나."

용선생은 두루마기를 벗더니 보따리에서 제복처럼 보이는 옷을
하나 꺼내 입었다. 아이들은 조그만 보따리에서 무언가가 끊임없이
나오는 것이 신기했다.

"서양 문물이 들어오면서 의식주 등 우리 생활 전반에도 큰 변화
가 일어났단다. 우선 외모의 변화! 관리와 군인들은 전통적인 관모
와 복식을 벗어던지고, 서양식 제복을 입기 시작했어. 그리고 일반
인들은 한복을 개량해서 이전보다는 소매가 좁은 옷을 입기 시작했
지. 외모를 가장 서양식으로 가꾼 사람들은 개화파 인사들이었어.

서양 옷을 입은 사람들 왼쪽 사진은 우리나라 최초의 여의사인 박에스더와 그녀의 남편이야.
오른쪽은 박에스더 부부가 미국에 있을 때 서양 옷을 입고 찍은 사진이고. 부부가 입고 있는 옷만 봐도
당시 사회가 변화하고 있는 모습이 한눈에 보이지 않니?

그들은 머리를 짧게 깎고, 양복을 맵시 있게 입었단다. 여성들은 외출할 때 얼굴을 가리기 위해 쓰던 장옷과 쓰개치마를 서서히 벗기 시작했지. 어때, 선생님 이번 옷은 제법 잘 어울리지 않니?"

"꼬르륵~."

아이들의 대답 대신 "꼬르륵~" 소리가 여기저기서 들려왔다.

"아차, 너희들 배고프겠구나. 일단 식사를 좀 하고 돌아다녀야겠다."

용선생은 주변을 둘러보며 가장 다양한 먹을거리가 있는 식당을 찾았다. '분식천국'을 발견한 용선생과 아이들은 누가 먼저랄 것도 없이 앞다퉈 들어가 주문을 했다.

"짜장면 한 그릇 주세요!"

"저는 호떡하고 만두요!"

"저는 우동, 어묵!"

아이들은 테이블에 빙 둘러 앉아 주문을 했다. 게걸스럽게 음식을 먹은 아이들은 후식으로 케이크를 주문했다. 용선생도 간만의 휴식 시간에 커피를 즐겼다.

"지금 너희들이 주문한 메뉴들도 모두 개항기 때 들어온 음식들이란다. 호떡과 만두는 중국에서, 어묵과 우동은 일본에서 들어왔지. 영심이가 주문한 케이크와 내가 마시고 있는 커피도 그때 서양에서 들어왔어. 다만 커피나 케이크 같은 건 당시에 귀한 음식이라

서 궁중이나 일부 상류층에서만 즐길 수 있었단다."

"옛날에는 귀한 음식이었다니 괜히 한번 먹어 보고 싶네."

장하다가 포크를 들어 영심이의 케이크를 먹으려 하자, 영심이는 얼른 케이크가 담긴 접시를 들어 올렸다.

"개항기 때는 지금 우리의 생활 모습과 비슷한 게 참 많네요?"

"그렇단다. 그리고 지금 우리가 사용하는 물건들도 이 당시에 들어온 것들이 참 많아. 구두, 모자, 핸드백, 성냥, 석유, 램프……. 당시에는 서양에서 들어온 새로운 물건들이었지만, 지금은 우리에게 이주 일상적인 물건들이 되어 버렸지? 자, 그럼 소화도 좀 시킬

서양식 식사 문화의 확산

조선의 외무대신이 서양의 외교관들을 불러 놓고 식사를 대접하는 모습이야. 개항 이후에는 상류층을 중심으로 서양식 식사 문화와 음식들이 퍼져 나가고 있었어.

겸 다시 걸어 볼까?"

배가 부른 용선생과 아이들은 장난도 치고 수다도 떨면서 다음 목적지로 향했다. 선선한 바람이 불자 아이들은 기분이 더욱 좋아졌다. 용선생과 아이들이 도착한 곳은 명동 성당이었다. 명동 성당의 높은 종탑을 바라본 아이들은 절로 감탄이 나왔다.

"이렇게 높고 웅장한 건물 앞에 있으니 마음이 절로 차분해져요."

"그렇지? 아무래도 종교적 건물들은 보는 사람들의 마음을 평온하게 만드는 면이 있는 것 같구나. 더군다나 너희들이 보고 있는 건물이 명동 성당이라면……. 명동 성당은 우리나라 천주교를 대표하는 큰 성당이야. 이 근처에는 조선 후기부터 조정의 눈을 피해 몰래 천주교를 믿고 있는 신자들이 모여 살았어. 그래서 천주교 교단에서는 이곳에 조선을 대표하는 천주교 성당을 지으려고 했지. 1892년에 시작한 공사는 중간에 중단되기도 했어. 건물이 올라갈수록 도성 안이 훤히 내려다보이는 데다, 궁궐보다 더 높이 올라가니 아무래도 조정의 심기를 건드렸던 것 같아. 나중에 프랑스 공사관 등이 중재

곽두기의 국어사전

종탑
종을 매달아 놓은 탑이야. 높은 탑 위에서 종을 치면 그 소리가 멀리멀리 퍼져 나가겠지?

를 해줘서 결국 1898년에 공사를 끝마칠 수 있었어."

"우여곡절이 많은 성당이었군요?"

"아무래도 유교적 전통이 강하게 남아 있던 때니까 낯선 서양의 문화를 받아들이기가 쉽지 않았겠지."

"그런데 성당이 참 예뻐요!"

들어올 때부터 성당의 분위기에 반한 허영심이 성당에서 눈을 떼지 못하고 말했다.

"명동 성당은 고딕 양식으로 지은 성당이야. 가까이 다가설수록 높고 웅장하게 느껴지는 것이 아주 멋지지 않니? 건물 벽은 다양한 모양의 회색과 붉은색 벽돌을 쌓아 이국적인 아름다움을 보여준단다. 그런데 명동 성당의 아름다움은 이런 겉모습에만 있는 게 아니야. 명동 성당은 현대사의 주요 고비마다 불의에 저항한 사람들을 숨기고 지켜 주는 등 중요한 역할을 했단다."

"문화적으로나 역사적으로나 아주 의미가 있는 곳이란 말씀이군요?"

언제나 그렇듯 깔끔하게 정리해 주는 나선애 덕분에 용선생의 부담은 한결 가벼워졌다.

"자 이제 그럼 다음 코스로 슬슬 움직여 볼까?"

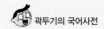

곽두기의 국어사전

고딕 양식
건물의 끝을 높고 뾰족하게 지어 하늘에 닿을 듯한 느낌을 주는 양식을 말해.

용선생 현장 강의

덕수궁 석조전
궁궐 안에 지은 최초의
서양식 건물이야.
돌을 사용해 지어
석조전이라고 해. 1층은
접견실·중앙홀·식당,
2층은 황제와 황후의
침실·거실·욕실
등으로 사용되었지. 일제
강점기를 거치며 원형이
많이 훼손되었지만, 복원
공사를 통해 당시의
모습을 재현해 두었어.

 신식 학교에 들어가 새로운 학문을 배우다

"선생님 그런데 질문이 있습니다."

용선생과 아이들이 발걸음을 뗀 순간, 한동안 무언가를 골똘히
생각하던 왕수재가 질문을 던졌다.

"지금까지 선생님이 설명해 주신 내용을 종합해 보면 개항기 때
는 참 많은 변화가 있었는데요. 사람들이 새로운 문물이나 제도에
적응하려면 배워야 할 것이 많았겠어요?"

"이야, 수재가 정말 대단히 날카로운 질문을 했구나!"

용선생의 칭찬을 받은 수재의 어깨가 으쓱했다.

"그래, 그럼 걸어가면서 개항기 때 교육에 대해 설명해 줄게. 달라진 세상에 적응하기 위해서는 교육이 필요했지. 우리나라에도 예전부터 당연히 교육 기관과 제도가 있었지만, 이때부터는 형식이나 배우는 내용이 많이 달라진단다. 우선 서구식 근대 학교가 세워지는데, 우리나라 최초의 근대식 학교는 1883년 함경도에 세워진 원산 학사야."

"최초의 학교가 서울이 아니라 지방에 세워졌네요?"

"그래, 원산은 1880년에 개항했는데, 일본인들이 많이 살게 되었어. 그런데 새로 들어온 일본 상인들이 조선 상인들의 이익을 많이 빼앗아 가자, 주민들은 이에 대응해야 할 필요성을 느끼게 되었지. 그래서 함경도의 덕원, 원산 주민들이 새로운 세대에게 근대 지식을 교육하고 인재를 양성하기 위해 지방관에게 근대식 학교를 만들자고 건의했어. 그래서 1883년에 원산 학사를 세워서 학생들에게 산수, 기기, 농업 등 근대 학문을 가르치

《국민 소학 독본》
1895년에 만든 우리나라 최초의 근대식 교과서야. 외국의 역사나 지리, 자연 과학 등 새로운 지식들을 많이 담고 있어. 소학교(지금의 초등학교)에서 사용하기 위해 만들었지만, 학교에 다니지 않는 일반 사람들에게도 도움이 되었다고 해.

기 시작했단다."

"원산 학사는 함경도 주민들이 주도해서 세운 학교네요? 그럼 나라에서 세운 학교는 없었나요?"

"물론 있었지. 1883년 원산 학사가 세워진 지 얼마 되지 않아 나라에서는 통역관을 양성하기 위해 동문학을 만들었단다. 1882년 조미 수호 통상 조약이 체결되어 본격적으로 서양과 교류하게 되자, 외국어를 할 수 있는 통역관이 필요했거든. 그래서 젊고 똑똑한 학생들 40여 명을 뽑아 영어, 일어 등을 가르쳤단다."

"학교가 아니라 어학원 같아요."

"그래, 그래서 나라에서는 학생들에게 언어뿐만 아니라 근대 지식을 가르치기 위해 1886년 육영 공원을 세웠단다. 육영 공원은 미국에서 교사를 초빙해서 젊은 관리와 고위 관료의 자제들에게 영어, 수학, 과학, 지리 등을 가르쳤어. 그래서 육영 공원은 나라에서 세운 최초의 근대적 학교로 평가받는단다."

"흠…… 그럼 뭐합니까? 높으신 분들의 자제만 교육을 받는데요."

수재의 핀잔이었지만, 이번에는 다들 고개를 끄덕였다.

"그래, 나라에서는 주로 신분이 높은 사람들의 교육에 집중했던 반면, 일반 사람들에 대한 교육은 서양 선교사들이 담당했단다. 조선에 들어온 서양 선교사들은 일찍부터 조선인에 대한 근대적 교

근대식 학교의 수업 모습 새로 생긴 근대식 학교에서 학생들이 열심히 공부하는 모습이야.
개항기에는 여학생들도 학교에 다니면서 새로운 학문들을 공부할 수 있게 되었지.

육에 관심이 많았어. 그래서 여러 사립 학교를 세웠는데, 대표적인 학교가 바로 배재 학당과 이화 학당이란다."

"둘 다 왠지 많이 들어 본 거 같아요!"

"그래, 이화 학당은 나중에 이화여자고등학교와 이화여자대학교로 이어지게 돼. 바로 이곳이 이화 학당이 있던 자리란다."

용선생과 아이들이 도착한 곳은 현재 이화여고의 심슨 기념관 앞이었다.

"신식 학교가 세워지면서 여성들에게도 교육의 기회가 확대되었

이화 학당 1886년 여성 선교사 스크랜턴이 세운 우리나라 최초의 여성 교육 기관이야. 이때부터 여성도 학교에 다닐 수 있게 되었지. 이화 학당은 나중에 자리를 옮겨 현재의 이화여자대학교로 이어지고 있단다.

어. 그래서 이때 여학교가 세워지게 됐는데, 이화 학당은 바로 우리나라 최초의 여학교였어. 이화 학당은 1886년 여성 선교사 스크랜턴이 세웠단다. 하지만 당시는 여성들이 학교에 가서 공부한다는 게 익숙한 일은 아니었지. 더구나 서양인들을 많이 보지 못했던 일반 사람들은 서양인들을 파란 눈을 가진 귀신이라고 생각하기도 했어. 그래서 학생들을 모집하는 것부터가 힘들었지. 스크랜턴과 선교사들은 학생들을 모집하기 위해 몇 달을 동분서주하다가 마침내 복순이라는 여학생을 데려올 수 있었어. 그것도 학생의 어머니에게 서약서를 쓰고 나서야 가능했대.

'미국인 예수교 선교사 스크랜턴은 조선인 박씨와 다음과 같이 계약하고 이 계약을 위반하는 때는 어떠한 벌이든지 어떠한 요구든지 받기로 함. 나는 당신의 딸 복순이를 맡아 기르며 공부시키되 당신의 허락이 없이는 서방은 물론 조선 안에서라도 단 십 리라도 데리고 나가지 않기를 서약함.'

이렇게 한 명의 학생으로 시작한 이화 학당은 점차 학생 수가 늘어나 학교 내에 지금의 초등-중등-고등-대학 과정을 만들게 되고, 마침내 1914년에 우리나라 최초의 여대생을 배출하게 된단다."

"우아~ 예전보다 더 많은 사람들이 교육 받을 수 있게 되었군요?"

흥미진진하게 용선생의 이야기를 듣던 곽두기의 말이었다.

"그래, 그리고 더 많은 사람들에게 교육의 기회를 주는 데는 정부도 함께 했단다. 나라에서는 1894년 갑오개혁 때 '교육 입국 조서'를 반포해서 여러 학교들을 설립했어. 어린 아이들을 가르치기 위한 소학교, 그리고 소학교에서 학생들을 가르칠 선생님들을 양성하는 사범 학교, 외국어를 주로 배우는 외국어 학교 등이 세워져 근대 교육을 받을 수 있는 기회가 넓어지게 되었지. 이어 대한 제

한성 사범 학교 1895년 한성에 세운 사범 학교야. 사범 학교는 교사를 길러 내는 학교를 말해. 갑오개혁 이후에 근대식 학교가 많이 세워지면서 교사가 많이 필요해지자 만들어졌지.

국 시기에는 실업 교육 학교인 상공학교, 광무 학교 등을 설립 했어. 그리고 일제의 침략이 본격화되는 1900년대에는 애국 계몽 운동가들이 많은 사립 학교를 세워 민족의식을 일깨웠단다."

용선생은 아이들을 데리고 이화 학당을 나섰다. 호젓한 돌담 길을 끼고 5분 정도 걸으니 오래 되어 보이는 예쁜 건물 하나가 또 보였다.

여기는 배재 학당 역사 박물관이야. 배재 학당은 이화 학당보다 1년 앞선 1885년에 미국 선교사 아펜젤러가 설립했어. 지금 보이는 건물은 1916년에 새로 지은 건물인데, 지금은 배재 학당에 관한 역사 박물관으로 사용되고 있어. 자, 그럼 한번 쭈욱 둘러볼까?

배재 학당 역사 박물관은 2층으로 되어 있었다. 내부가 크고 화려하진 않았지만, 당시 학생들이 수업 받던 교실과 책걸상, 교과서가 남아 있어 마치 시간을 거슬러 올라간 기분이 들었다.

"배재 학당에서 주목할 만한 것 중의 하나가 바로 '협성회'라는 학생 조직이야. 1895년 미국에서 돌아온 서재필은 1896년부터 매주 목요일마다 배재 학당에서 세계 지리·역사·정치학 등을 가르쳤어.

배재 학당 역사 박물관　배재 학당은 기독교 교육을 중심으로 영어, 산수, 지리 등 다양한 근대적 학문을 가르쳤어. 배재라는 이름은 '배양영재(培養英材)'의 줄임말로 영재를 키운다는 뜻이야. 고종이 직접 지어 준 이름이지.

이에 자극을 받은 10여 명의 학생들이 '협성회'를 조직해 자신들이 배운 내용을 바탕으로 대중을 계몽하기 위해 노력했지. 그리고 이들은 《협성회 회보》라는 잡지를 발행했는데, 이것이 후에 《매일신문》이 된단다. 《매일신문》은 우리나라 최초의 일간지였어."

"어라, 신문은 원래 매일 나오는 거 아니예요?"

"지금이야 신문이 매일 오니까 그렇게 생각할 수도 있는데, 우리나라에서 맨 처음 나왔던 신문은 10일에 한 번씩 발행했단다. 자, 그럼 잠시 여기 앉아서 당시 신문 이야기를 해 보자꾸나."

어느새 아이들은 용선생 주변에 빙 둘러앉았다.

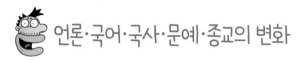 언론·국어·국사·문예·종교의 변화

"우리나라에서 처음으로 발행했던 신문, 기억나니?"

"한성…… 뭐였던 거 같은데……."

장하다가 머리를 긁으며 기억하려고 애를 썼다.

"《한성순보》입니다. 열흘 순(旬)! 선생님이 10일에 한 번씩 발행한다는 말에 생각이 났어요."

곽두기가 얼른 답을 맞추자 하다가 안타까워했다.

"한성까지는 내가 말했는데……."

"그래, 하다와 두기가 힘을 모아 잘 맞췄구나. 개항 이후 정부는 개화 정책을 알리고 나라 안팎의 소식을 전하기 위해 1883년 박문국에서 《한성순보》를 발행했어. 그리고 1896년에는 서재필이 정부의 지원을 받아 최초의 민간 신문인 《독립신문》을 발행했었지. 지금 신문의 날이 4월 7일인데, 그 날이 바로 《독립신문》 창간일이란다. 그만큼 《독립신문》이 우리 역사에서 갖는 의미가 크지."

"그 이후에 발행된 신문들은 뭐가 있나요?"

"대한 제국 시기에도 많은 신문이 간행되어서 민중을 계몽하고 민족의식을 고취하는 데 큰 역할을 했단다. 순 한글로 쓰인 《제국신문》은 서민층과 부녀자들에게 많이 읽혔고, 《황성신문》은 국어와 한문이 섞여 쓰였는데, 주로 유생층이 즐겨 읽었어. 《대한매일신보》는 일본의 침략을 비판하는 기사를 많이 실어서, 항일 의식을 높이는데 크게 기여했단다."

"일본이 계속 눈치를 줬을 것 같은데 대단해요!"

"일제의 침략이 본격화되면서 각 분야에서는 여러 사람들이 나라를 지키기 위해 많은 노력을 했어. 특히 국어와 국사를 연구해 민족정신을 일깨우려는 움직임이 활발해졌단다. 우선 국어 분야에서는 한글의 중요성이 커졌어. 갑오개혁 이후부터는 정부 문서와 교과서 등에 한자와 한글을 섞어서 쓰게 했어. 그리고 일부 신문들은 순 한글을 사용하는 등 우리말을 쓰려는 노력이 늘어났지. 또한 정부에서는 우리말 표기법을 통일하기 위해 국문 연구소를 세웠는데, 여기서 주시경, 지석영 등의 학자들이 우리 말과 글의 연구에 앞장 섰단다."

이때 박물관의 전시물을 둘러보던 나선애가 말했다.

"여기 주시경 선생님 이력서가 있어요!"

"잘 찾아냈구나! 주시경은 배재 학당에서 공부를 하고, 졸업 후에는 다시 이곳에서 강의를 하기도 했지. 주시경은 '자기 나라를 흥하게 하고자 하거나 나라를 보존하고자 하는 사람은 자국의 글과 말

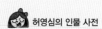
허영심의 인물 사전

주시경
(1876~1914)
우리말과 글을 연구하고 널리 알린 학자야. 강의를 위해 늘 책 보따리를 들고 이 학교 저 학교를 오가서 '주보따리'라는 별명을 얻었대.

을 먼저 닦아야 한다'며 한글 문법의 연구와 정리를 주도했단다."

"주시경 선생님 감사합니다. 저는 오늘부터 주시경 선생님의 제자가 되겠습니다!"

장하다가 주시경의 이력서를 보고 꾸벅 절을 하자 용선생이 귀엽다는 듯이 쳐다봤다.

"우리말과 글에 대한 관심 못지않게 중요한 일이 또 있어. 바로 우리 역사에 대한 연구야. 우리나라의 역사를 알아야 나라 사랑하는 마음이 더 생기고, 그래야 일제의 침략으로부터 우리나라를 지키려는 마음이 더 커지지 않겠니? 그래서 이때에는 《을지문덕전》, 《이순신전》 등 민족의 위기를 이겨 낸 위인들의 전기가 많이 편찬되었어. 과거에도 외국의 침략을 훌륭히 이겨 낸 경험이 있으니까

《월남 망국사》, 《미국 독립사》, 《이태리 건국 삼걸전》 《월남 망국사》는 베트남이 망한 이야기, 《미국 독립사》는 미국이 독립한 이야기, 《이태리 건국 삼걸전》은 이탈리아를 건국한 3명의 영웅에 관한 이야기야. 주로 나라가 흥하고 망한 내용을 담고 있어. 이 책들은 민족 독립의 의지와 역사의식을 높이기 위해 번역되었어. 다른 나라가 흥하거나 망하는 경우를 보고 이에 비추어 조선의 길을 고민해 보자는 거지. 그래서 당시 지식인 사이에서는 꼭 읽어야 하는 책으로 통했대.

이를 본받아 지금의 이 위기를 잘 극복해 내자는 거지. 그리고《월
남 망국사》,《미국 독립사》,《이태리 건국 삼걸전》등 다른 나라들
이 망하거나 혹은 반대로 독립을 얻어 낸 역사에 관한 책들이 소개
되었어. 이런 예를 참고하여 우리도 망하는 길로 가지 말고 독립을
이루어 내자는 것이었지. 이렇게 민족의 자주성을 강조해서 국권을
회복하려는 흐름을 민족 사관이라고 불러. 이러한 민족 사관에 입
각해 책을 쓰거나 외국의 책을 번역한 대표적인 사람들이 박은식,
신채호야. 자, 그럼 신채호가《대한매일신보》에 연재한 대표적인
글을 하나 소개하마."

용선생은 보따리에서 종이 한 장을 꺼내더니, 목소리를 한번 가
다듬고 진지하게 읽어 나갔다.

나라의 역사는 민족의 흥망성쇠의 상태를 서술하는 것이다. 민족을 빼면
역사가 없을 것이며, 역사를 알지 못한다면 그 민족의 애국심이 사라질 것
이니, 아 역사가의 책임이 크도다!

역사를 쓰는 사람은 먼저 민족의 형성 과정을 기록하고 정치, 경제, 군
사, 문화, 외교에 대하여 서술해야 한다. 만약 민족을 주체로 한 역사 서술
이 이루어지지 않는다면 이는 정신이 빠진 역사이다. 정신이 빠진 역사는
정신이 없는 민족과 나라를 만들 것이니 어찌 두렵지 않겠는가?

〈독사신론〉(《대한매일신보》, 1908. 8. 27)

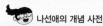
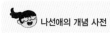
용선생이 글을 다 읽자마자 장하다가 외쳤다.

"아 멋있다! 저는 오늘부터 신채호 선생님의 제자가 되겠습니다!"

"하다는 스승님만 몇 명이냐?"

나선애가 한마디 보태자 하다도 쑥스러운지 머리를 긁적거렸다.

"정말 이때는 훌륭한 분들이 많았네요."

"그래. 그러면 다른 분야에서 어떻게 변화했는지도 더 살펴보자꾸나. 문학과 예술에서도 한글 사용이 늘어나고 서양 문화와 예술이 소개되면서 많은 변화가 일어났어. 문학에서는 《혈의 누》, 《자유종》, 《금수회의록》 등 신소설이 발표되었는데, 이러한 신소설은 기존 소설과는 달리 자주독립, 신분 타파, 평등 의식 등을 주제로 하였지. 그리고 시 분야에서는 '해에게서 소년에게'와 같이 이전과는 다른 자유로운 형태를 사용한 신체시가 등장했단다."

"음악, 미술 등에서는 어떤 변화가 있었나요?"

"음악에서는 찬송가가 보급되면서 서양 음악이 알려지기 시작했어. 나중에는 창가가 유행했는데, 창가는 서양식 멜로디에 우리말 가사를 붙여 부르는 거란다. 미술 분야에서는 서양식 유화를 그리기 시작했지. 이때는

 《금수회의록》
1908년에 출판된 안국선이 지은 신소설이야. 개구리, 여우,
호랑이 등이 등장해 인간 사회의 갖은 문제점을 꼬집고 이를
비꼬고 있어. 당시 부패한 사회 현실을 비판해서였을까?
1909년 일제가 만든 '언론 출판 규제법'에 의해 읽으면
안 되는 책으로 정해졌어.

우리나라에 서양식 연극이 들어오기도 했었어. 최초의 서양식 극장인 원각사에서는 신소설을 각색한 연극이 공연되기도 했단다. 자 이제 여기도 충분히 둘러본 것 같으니 다시 밖으로 나가 볼까?"

배재 학당을 나와 조금 걸으니 붉은 벽돌로 만들어진 예쁜 교회가 보였다.

"여기는 정동 제일교회야. 이 교회는 아

원각사 1908년에 문을 연 우리나라 최초의 서양식 극장이야. 초기에는 '춘향가', '심청가' 등 판소리를 주로 공연했고, 이후에는 신소설 《은세계》를 연극으로 만들어서 공연했어. 그런데 1914년에 불에 타 없어졌어.

까 배재 학당을 세웠던 아펜젤러와 관계가 있단다. 아펜젤러는 1885년 우리나라에 들어오고 나서 배재 학당을 세워 교육 사업을

정동 제일교회
미국인 선교사
아펜젤러가 1885년에
세운 최초의 개신교
교회야. 이 건물에서
수많은 토론회와 음악회
등이 열리며 사람들이
교류하고 새로운 정보와
문화 등을 받아들였지.
특히 남녀평등과 여성의
권리를 높이자는 운동의
중심지가 되기도 했어.

먼저 시작했어. 그리고 한편으로는 자신의 집에 예배실을 설치하고 예배를 드렸는데, 신도들이 늘다 보니 예배만을 볼 수 있는 더 큰 공간이 필요해진 거야. 그래서 1897년에 완성된 게 바로 이 정동 제일교회란다. 우리나라 최초의 개신교 교회지."

용선생은 건물을 바라보며 설명을 이어갔다.

"개항 이후 종교계에도 많은 변화가 일어났어. 천주교는 포교의 자유가 허락된 뒤에 고아원을 설립하고 학교와 병원을 세우는 등

봉사 활동과 계몽 활동을 전개했어. 1880년대에 새로 들어온 개신교는 학교와 병원을 세워 근대 교육과 의료 발달에 기여했지. 동학 농민 운동 이후 활동이 어려워진 동학은 천도교로 이름을 고치고, 《만세보》를 발간하여 애국 계몽 운동을 전개했단다. 나인영(나철)은 단군 신앙을 바탕으로 단군교(대종교)를 창시하여 민족의식과 항일 의식을 높이기 위해 노력하기도 했어. 박은식은 유교를 개혁하여 현실 속에서 좀 더 실천적인 모습을 보여 주려고 하였고, 한용운은 불교를 개혁하여 사회 활동에 동참하려고 하였지.

사람들의 생각이 근대적으로 바뀌다

용선생은 시계를 보았다. 시간은 벌써 오후 5시를 향하고 있었다.

"앗, 시간이 벌써 이렇게 됐네. 이제 슬슬 돌아가야겠다."

아이들은 모처럼의 야외 수업이 아쉬웠지만, 발길을 돌릴 수밖에 없었다. 용선생과 아이들은 덕수궁 돌담 길을 지나 시청역으로 향해 걸었다. 아이들은 돌담 길에서 함께 사진을 찍으며 즐거워했다.

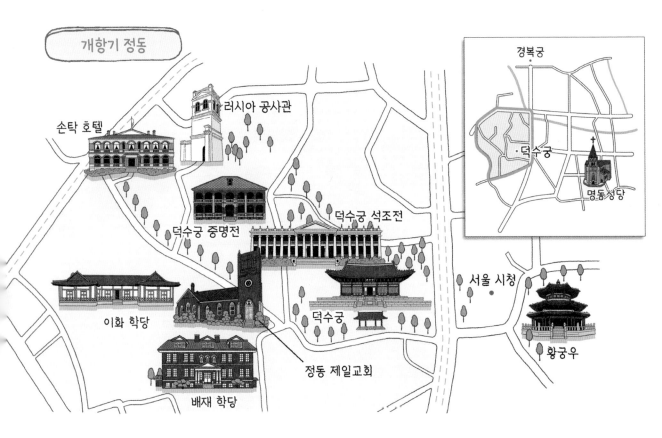

"안녕, 정동~ 다음번에 엄마, 아빠랑 꼭 다시 올게~."

용선생과 아이들은 시청역에서 지하철을 탔다. 서울역을 지날 때쯤 왕수재가 나직하게 읊조렸다.

"지하철로는 몇 분 안 되는 거리를 하루 종일 걸었군요. 물론 재미있는 하루였지만 말예요."

"수재가 또 의미 있는 얘기를 꺼냈구나. 버스나 지하철로는 얼마 안 되는 거리지만, 이런 교통수단이 없었을 때는 참 먼 거리였겠지? 이렇게 어디든 빠르게 도달할 수 있는 교통수단이 생기니 사람들의 생각에도 변화가 일어나기 시작했단다. 경인선이 개통될 때 《독립신문》에는 다음과 같은 기사가 실렸다고 해."

'수레(기차) 속에 앉아 창문으로 내다보니 산천초목이 모두 활동하여 달리는 것 같고 나는 새도 미처 따르지 못하더라.'

"서울에서 인천까지 가려면 꼬박 12시간을 걸어가야 했던 사람들에게 경인선 기차의 속도는 속이 울렁거릴 정도로 빠른 것이었지. 이후 경부선(1905)과 경의선(1906)이 개통되고 나서는 부산에서 서울을 거쳐 신의주까지 가는 데 하루밖에 걸리지 않았어. 같은 시간 동안 갈 수 있는 거리가 워낙 늘어나다 보니 세상은 놀랄 만큼 가까워지고, 또 그만큼 사람들의 시야는 넓어질 수밖에 없었단다."

　"KTX 타면 서울에서 부산까지 3시간도 안 걸리니까 부산이 그렇게 멀게 느껴지지 않는 것과 마찬가지인 건가요?"

　"그래. 그런데 당시에는 이렇게 공간에 대한 생각만 변화한 게 아니야. 서양의 시계가 들어오고, 정해진 시간을 지키며 운행하는 철도를 이용하면서 조선 사람들은 시·분·초 단위의 서양식 시간에 점차 익숙해져 갔어. 그러다 보니 이 무렵 신문에는 시간을 잘 지키자는 논설문이 자주 실리기도 했지."

　"그때나 지금이나 시간을 잘 지키자는 말을 많이 듣는 것 같아요."

　"그런데 이렇게 발전된 문물이 들어오면 사람들이 아주 좋아했겠어요."

"이러한 근대 시설은 사람들의 생활에 편리함을 가져다주었어. 하지만 한편으로는 우리 전통문화와 충돌하거나 열강들이 우리나라의 이권을 빼앗는 데 이용되기도 했단다."

"근대 문물과 제도의 수용은 동전의 양면 같은 거였군요?"

"그래, 하지만 분명히 긍정적이라고 할 만한 점은 있어. 바로 평등사상의 전파야. 갑신정변과 동학 농민 운동에서 요구했던 신분 제도를 없애자는 일은 갑오개혁을 통해 이루어졌어. 그리고 독립 협회의 활동으로 사람은 누구나 평등한 권리를 갖고 있다는 생각이 널리 퍼져 나갔지. 신분의 높고 낮음이 없어지고, 남녀 간에 동등한 권리를 갖고 있다고 여겨지면서 백정의 자식도, 여성도 모두 학교에 가서 당당히 수업을 받을 수 있는 세상이 다가온 거야! 물론 아직은 시작 단계이긴 했지만, 그래도 이 정도면 아주 크고 중요한 변화라고 할 수 있지 않겠니? 어! 벌써 도착했네. 어쩌냐, 선생님의 재미난 이야기를 듣다 보니 더 빨리 온 것 같지? 자 이만 내리자꾸나."

용선생과 아이들은 학교에서 가까운 역에 내렸다. 용선생은 아이들을 하나하나 보내며 집에 잘 들어가는지 살폈다.

"이제 영심이만 들어가면 되는구나. 아까 다친 데는 괜찮니?"

"네 괜찮아요. 선생님도 잘 들어가세요~."

허영심은 아직도 옛날식 옷을 입고 있는 용선생이 부끄러워 얼른 발걸음을 재촉했다. 몇 발짝 가다가 혹시나 하는 마음에 뒤를 돌아 보니 여전히 용선생은 씨익 웃으며 영심이를 지켜보고 있었다. 허영심도 멋쩍은 웃음을 지으며 작별 인사를 했다.

"선생님, 오늘 정말 즐거웠어요. 그리고 항상 저희에게 재밌는 수업을 해주시고, 또 많이 챙겨주셔서 감사합니다~."

허영심은 손발이 살짝 오그라들긴 했지만, 지금까지 본 중에 가장 행복한 표정을 짓고 있는 용선생을 보고 마음이 조금 뭉클해졌다.

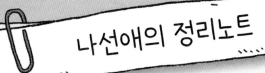 

나선애의 정리노트

1. 근대 문물이 들어오다

새로운 기술의 도입	전기, 새로운 교통(철도, 전차)·통신(우편, 전신, 전화), 서구식 병원(광혜원)
서구식 건축의 등장	명동 성당, 덕수궁 석조전, 정동 제일교회
일상생활의 변화	양복을 입기 시작, 외국의 음식과 커피 유행, 시·분·초 단위의 시간 개념이 생김

2. 근대적 학교를 세우다

개인이 세운 학교	원산 학사(최초의 근대식 학교), 배재 학당, 이화 학당(최초의 여학교)
나라에서 세운 학교	· 동문학(외국어 강습소), 육영공원(나라에서 세운 최초의 근대식 학교) · 갑오개혁 때 : '교육 입국 조서' 반포하고 소학교, 사범 학교를 세움 · 광무개혁 때 : 상공학교, 광무 학교 등 실업학교를 세움

3. 여러 분야의 다양한 활동

언론	한성순보(최초의 신문), 독립신문(최초의 민간 신문), 제국신문(순 한글 사용), 황성신문(한글과 한문 사용), 대한매일신보(일제 비판)
국어, 국사	· 주시경, 지석영이 우리말, 우리글 연구에 힘씀 · 신채호와 박은식이 민족 사관에 따라 우리 역사를 연구함
문학, 예술	· 신체시, 신소설 등장 · 찬송가 보급, 창가 유행 · 서양식 유화가 그려짐 · 서양식 극장에서 연극이 공연됨
종교	· 동학 : 이름을 천도교로 바꿈, 계몽 운동 전개 · 천주교, 개신교 : 학교와 병원을 세우는 데 힘씀 · 단군교(대종교) : 민족의식과 항일 의식을 높이는 데 노력 · 유교와 불교도 스스로 개혁하고자 노력함

용선생의 역사 카페

역사계의 슈퍼스타,
용선생의 역사 카페에
오신 걸 환영합니다

Log in

게시판 ∨

📄 역사가 제일 쉬웠어용!
📄 이제는 더~ 말할 수 있다!
📄 필독! 용선생의 매력 탐구
📄 전교 1등 나선애의 비밀 노트

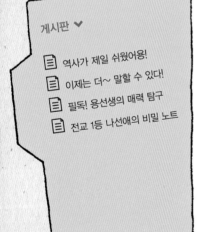

우리나라 최초의
야구단이 창단되다!

올림픽 경기가 벌어질 때 우리나라 선수들을 응원해 본 적 있지? 우리나라에 서구식 스포츠는 언제 어떻게 들어왔을까? 스포츠란 그저 사람들이 모여 대결하는 경기라 생각할 수 있지만, 우리나라에 서구식 스포츠가 들어온 데에는 19세기 말 개화사상과 관련이 있어.

사실 조선 시대에도 격구나 활쏘기와 같은 스포츠가 있기는 했지만, 몸을 격하게 움직이는 운동이 그리 높은 대접을 받지는 못했어. 그런데 개화사상이 들어오면서 많은 사람들에게 스포츠가 퍼지게 되었지. 개화사상은 서양의 문물을 받아들여 조선을 문명국으로 만들어보자는 뜻을 담고 있었어. 나라가 강해지려면 그 나라의 국민 또한 건강한 몸을 가져야 하는데, 스포츠를 배우면 몸이 건강해질 수 있었거든. 이러한 까닭으로 개항기에는 서구식 스포츠가 적극적으로 소개되기 시작했어.

그렇다면 한국에 스포츠를 들여온 사람들은 누구였을까? 주로 외국인 선교사들이었어. 외국인 선교사들은 그들이 실립한 근대식 학교에서 학생들에게 체조를 가르치고 운동회를 열어 학생들의 체력을 기르고자 했어. 그런데 당시에는 여학생들이 몸을 크게 움직여 체조를 하는 것이 좋게 보이지는 않았나봐. 여학생들이 학교에서 체조하는 모습을 보고 학부모들이 학교에 항의해 체육 수업을 중단하기도 했대. 그럼에도 학교에서는 학생들에게 근대 스포츠를 가르치는 노력을 계속하였단다.

그럼 축구, 야구처럼 공으로 하는 구기 종목은 언제 우리나라에 들어왔을까? 1903년에 황성 기독교 청년회라는 단체가 만들어졌는데, 그곳에서 미국인 선교사가 처음으로 청년들에게 야구를 가르쳐 줬대. 1907년에는 농구 경기가 시작되었고, 이후 우리나라에는 수많은 스포츠 단체들이 생겨나면서 사람들이 스포츠에 친숙해질 수 있었대.

이 황성 기독교 청년회가 바로 지금의 한국YMCA야. 당시 YMCA는 스포츠 경기를 퍼뜨리는 것은 물론 사람들에게 근대 스포츠를 알리는 강연을 열기도 했어. 이런 그들의 활동은 2002년에 영화 'YMCA 야구단'으로 만들어지기도 했단다.

황성 YMCA 야구단

 COMMENTS

왕수재 : 근데 당시 기독교 선교사들은 왜 사람들에게 스포츠를 가르치려고 했던 거예요?

┗ 용선생 : 스포츠를 하게 되면 땀도 흘리고 같이 목욕도 하면서, 더욱 친해질 수 있지 않겠니? 선교사들은 이런 경험이 사람의 몸과 지성, 정신을 조화롭게 기를 수 있다고 생각했던 거야.

┗ 왕수재 : 저는 하다랑 운동을 하면 땀 냄새밖에 안 나던데요……

한국사 퀴즈 달인을 찾아라!

01 ★★☆☆☆

아이들이 개항기 때 들어온 여러 가지 통신 수단에 대해 이야기를 하고 있네. 그런데 딱 한 명이 다른 시대에 생긴 통신 수단을 이야기하고 있구나. 그 아이는 누굴까? (   )

 ① 전화가 처음 생겼을 땐 통화를 하려면 전화 교환수를 거쳐야 했대.

 ② 전신은 전기 신호로 소식을 주고받는 것을 말해.

 ③ 우편 업무를 처음 담당했던 것은 1884년 세워진 우정총국이야.

 ④ 무선통신이란 전선이 필요 없이 전파를 이용해 통신을 하는 거야.

02 ★★★★★

왕수재가 개항기 때 살던 사람들의 생활 모습에 대해 조사를 하고 있어. 빈칸에 들어갈 내용으로 옳지 않은 것은 무엇일까? (   )

> **개항 이후 사람들의 모습**
> 서양 문물이 들어오며 사람들의 생활 모습은 많이 변화했다. 대표적으로 [   ]

① 높고 웅장한 서양식 건물이 들어섰다.
② 여성은 여전히 학교에 다닐 수 없었다.
③ 시·분·초 단위의 시간 개념이 생겼다.
④ 병원에서 서양 의학을 공부한 의사들에게 진료를 받을 수 있게 되었다.

03 ★★★☆☆

다음은 모두 개항 이후 지어진 건물들이야. 각 건물에 대한 설명을 읽고 사진 속 건물의 이름을 맞춰 볼래?

1885년 조선 정부가 세운 최초의 서양식 병원이야. 나중에 제중원으로 이름이 바뀌었어.
(   )

1886년 세워진 우리나라 최초의 여학교야. 처음엔 학생들을 모집하는데 어려움이 많았대.
(   )

미국 선교사 아펜젤러가 설립한 학교야. 이곳에서 '협성회'라는 학생 조직이 만들어졌지.
(   )

1908년에 문을 연 우리나라 최초의 서양식 극장이야. 이곳에서 판소리나 연극을 공연했대.
(   )

도착!

04 ★★★★☆

개항기 때 사람들이 자기소개를 하고 있어. 누가 누구인지 맞혀 줄래?

 ① 1896년 최초의 민간 신문인 《독립신문》을 만들었어. 오늘날 '신문의 날'이 바로 《독립신문》 창간일이란다. (   )

 ② '자기 나라를 흥하게 하고자 하거나 나라를 보존하고자 하는 사람은 자국의 글과 말을 먼저 닦아야 한다.'고 말했어. 한글 문법의 연구와 정리를 주도했지. (   )

 ③ 민족을 주체로 한 역사가 아니라면 이는 정신이 빠진 역사라고 《대한매일신보》에 썼어. 그리고 민족 사관에 입각한 역사책을 썼단다. (   )

• 정답은 307쪽에서 확인하세요!

한국 근대사의 축소판
인천을 가다

떠나 볼까?

용선생 현장 강의

1883년 작은 어촌 마을이었던 인천의 문이 외국인들에게 열렸어. 이후 많은 외국 문물들이 인천을 통해 들어오게 되었지. 우리 나라 개항기의 역사를 따라 인천으로 가 보자.

차이나타운

인천의 차이나타운은 우리나라에 들어온 중국인들이 장사로 생계를 이어 가며 정착한 곳이야. '한국 속 중국'이란 별명처럼 중국 문화가 가득하지. 중국식 근대 건축물과 중국풍의 간식, 거리 곳곳에 내걸린 홍등을 보니 진짜 중국에 와 있는 것 같았어.

인천 차이나타운 인천역 앞 우뚝 솟은 중국식 문을 지나면 만날 수 있어. 중국인의 고유문화를 간직하고 있는 곳이야.

공갈빵과 탕후루 공갈빵과 탕후루는 대표적인 중국 간식이야. 속이 비어 있는 공갈빵과 과일에 시럽을 얹어 굳힌 탕후루, 모두 달콤하면서도 바삭한 식감으로 먹는 재미가 있어.

삼국지 벽화 거리

차이나타운 한쪽에는 삼국지 벽화 거리도 있었어. 여기서 '삼국지'는 중국 명나라 때 나관중이 지은 위·촉·오 세 나라의 역사 이야기를 말해. 유비, 장비, 관우가 의형제를 맺은 도원결의나 제갈량이 조조를 크게 물리친 적벽 대전 등 소설 속 명장면들을 벽화로 볼 수 있었지!

짜장면 박물관

짜장면은 우리나라에 들어온 중국인들이 작장면이라는 면 요리를 만들어 먹은 데에서 유래했어. 이후 공화춘이라는 식당에서 짜장면이라는 이름을 붙여 팔기 시작했대. 공화춘 식당 건물은 현재 짜장면 박물관이 되어 짜장면의 역사를 알려 주고 있어.

짜장면   짜장면은 1890년대 중국 노동자들에 의해 만들어졌대.
춘장에 돼지고기, 양파를 넣고 볶아 국수 위에 얹어 먹는 방식이었어.

청일 조계지 경계 계단

조선이 외국에 문을 연 뒤 인천에는 중국인과 일본인 등 외국인들이 자유롭게 지낼 수 있는 조계지가 여러 군데 생겼어. 이들은 계단과 같은 별도의 시설을 두어 서로의 조계지를 구분했지. 사진에서 보이는 계단의 왼쪽이 중국, 오른쪽이 일본의 조계지였대.

청일 조계지 경계 계단 계단을 가운데에 두고 좌우 석등의 생김새도 달라.

인천 개항 누리길

청일 조계지 경계 계단을 지나 인천 개항 누리길을 걸었어. 인천 개항 누리길은 인천역을 중심으로 개항기의 역사와 문화를 체험할 수 있는 길이야. 우리가 지나 온 차이나타운과 삼국지 벽화 거리, 짜장면 박물관도 개항 누리길의 코스 중 하나인데, 그밖에도 개항기 때 지어진 다양한 건축물을 둘러볼 수 있었어.

인천 개항 누리길
일본식 목조 가옥들이
오밀조밀 모여 있어.

누리길에는 독특한 건물들이 많은데 개항기에 일본인들이 지은 건물이야. 과거에 은행이나 호텔로 쓰이던 건물이 지금은 박물관, 전시관, 카페 등으로 활용되고 있지. 이색적인 건물들 사이로 걷다 보니 내가 마치 다른 나라에 온 느낌이 들었어.

인천개항박물관
1899년 일본 제1은행 인천 지점이었대. 현재 인천개항박물관으로 사용되고 있어.

대불호텔
1880년대 일본인이 지은 호텔이야. 현재 그 자리에 호텔의 모습을 재현하여 전시관으로 사용되고 있어.

맥아더 장군 동상
누리길을 걷다 보면 우리나라 최초의 서구식 공원인 자유공원이 나와. 자유공원 안에는 6·25 전쟁 당시 인천 상륙 작전을 이끌었던 맥아더 장군의 동상이 있지. 1957년에 맥아더 장군의 업적을 기리기 위해 세워진 거래.

나라의 주권을 잃다

조선은 대한 제국이라는 새로운 나라로 거듭나 20세기를 맞게 되었어.

대한 제국 사람들은 나라의 주권을 지켜 낼 힘을 기르기 위해 숨 가쁜 나날을 보냈지.

하지만 이미 침략의 칼날은 대한 제국의 코앞까지 와 있었어.

동아시아 전체를 지배하겠다는 야심을 품고 있던 일본이 내민 칼날이었지.

수많은 사람들이 그에 맞서 저항했지만,

결국 대한 제국은 13년이라는 짧은 역사만을 남긴 채 무너지고 말았어.

대체 대한 제국에 어떤 일이 벌어졌던 걸까?

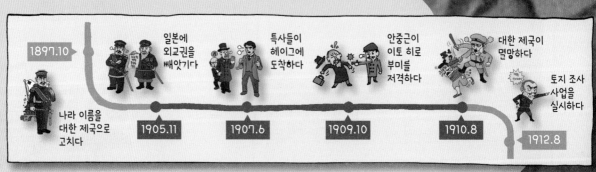

1897.10

나라 이름을 대한 제국으로 고치다

일본에 외교권을 빼앗기다

1905.11

특사들이 헤이그에 도착하다

1907.6

안중근이 이토 히로부미를 저격하다

1909.10

대한 제국이 멸망하다

1910.8

토지 조사 사업을 실시하다

1912.8

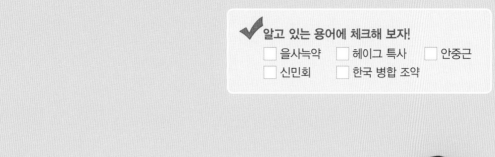

알고 있는 용어에 체크해 보자!

- [ ] 을사늑약
- [ ] 헤이그 특사
- [ ] 안중근
- [ ] 신민회
- [ ] 한국 병합 조약

헤이그 특사

"하늘 좀 봐. 어쩐지 으스스하다."

허영심의 말에 다들 창밖을 바라보았다. 잔뜩 흐린 하늘에는 누르스름한 기운이 감돌고, 이따금 쌔액 하는 바람 소리마저 창문을 울리고 지나갔다.

"이런 날은 무서운 얘기가 딱인데! 우리 선생님 오시면 귀신 얘기 해 달라고 할까?"

"그러자, 그러자!"

장하다와 곽두기가 마주 보고 헤헤거리는데 마침 용선생이 교실에 들어섰다.

"하다야, 귀신 얘기 필요 없다. 안 그래도 오늘은 귀신도 울고 갈 이야길 할 참이니까."

"귀신도 울고 가요? 와, 엄청 무서운 얘긴가 보다! 대체 무슨 얘긴데요?"

장하다가 재촉했지만 용선생은 아까 아이들이 그랬듯 창밖을 내다보며 딴소리를 했다.

"오늘 날씨 한번 을씨년스럽구나……. 너희들 을씨년스럽다는 말이 무슨 뜻인지 아니?"

다들 잠잠한 가운데 나선애가 "뭔가 안 좋다는 뜻이겠죠?" 했다.

"그래. 쓸쓸하고 뒤숭숭하고 불길하다는 뜻이야. 을사년인 1905년에 있었던 사건 때문에 이런 말이 생겨났다는 얘기가 있어. '을사년스럽다'는 말이 발음하기 쉬운 쪽으로 조금씩 변해서 '을씨년스럽다'가 되었다는 거지."

"을사년에 무슨 일이 일어났는데요?"

곽두기가 묻자 장하다가 날름 대답했다.

"귀신도 울고 갈 일이겠지!"

뒤이어 용선생이 차분한 목소리로 이야기를 시작했다.

대한 제국의 운명을 결정지은 러일 전쟁

"조선이 대한 제국으로 거듭난 지도 어느덧 7년이 흘렀어. 대한 제국 사람들은 자주적인 나라를 만들기 위해 나름대로 많은 노력을 기울이고 있었어. 하지만 대한 제국을 넘보는 외국 세력의 압력은 점점 더 커져 갔지. 특히 일본과 러시아의 분위기가 심상치 않았어. 대륙을 향해 북쪽으로 뻗어 나가고자 했던 일본, 그리고 얼지 않는 항구를 얻기 위해 남쪽으로 밀고 내려오려 했던 러시아의 대립이 더욱 치열해졌거든. 그 사이에 놓인 땅이 바로 만주와 한반도였고. 먼저 움직이기 시작한 것은 러시아였어. 당시 청나라에서는 '의화단 운동'이라는 외세 반대 운동이 일어났는데, 이를 누르기 위해 러시아를 비롯한 여러 나라의 군대가 출동했어. 그런데 의화단 운동이 진압된 후에도 러시아는 군대를 거두어들이지 않았어. 러시아가 짓고 있던 철도를 보호해야겠다는 구실을 내세우며 아예 만주를 점령해 버렸지."

러시아와 일본의 대립
1904년 4월 3일 프랑스 신문 《르 프티 파리지앵》(Le Petit Parisien)에 실린 만평으로 조선을 밟고 싸우려 하는 거인(러시아)과 난쟁이(일본)를 미국과 중국 등 다른 나라들이 구경하고 있어.

"일본도 가만히 있지 않았겠네요?"

"응, 처음에는 자기네가 불리한 입장에 서지 않도록 만주와 한반도를 놓고 러시아와 협상을 하려 했어. 하지만 양쪽의 요구가 워낙 팽팽히 맞서니 협상은 쉽지 않았지. 이때 일본을 도와주겠다고 나선 나라가 있었어. 바로 러시아가 만주를 점령한 데 불안감을 느낀 영국이었지. 일본은 영국과 동맹을 맺어 뒤를 든든히 해 놓고는 러시아에 도전장을 던질 준비에 들어갔어."

"도전장이라면…… 설마 또 전쟁?"

눈이 동그래진 나선애를 향해 용선생이 고개를 끄덕였다.

"두 나라 사이의 전쟁이 코앞에 닥친 급박한 상황에서 고종 황제는 서둘러 대한 제국이 중립국(中立國)이라고 선언했어. 중립국이란 다른 나라 사이의 전쟁에 끼어들거나 세력 다툼에서 어느 한쪽 편을 들지 않고 중립을 지키는 나라를 말해. 중립국의 지위를 인정받게 되면 국제 사회로부터 나라의 독립을 보장받을 수 있지. 하지만 일본은 대한 제국이 중립국이 되도록 가만 놔두지 않았어."

그 말에 허영심이 "어휴, 겨우 살길을 찾았나 했더니!" 하며 발을 굴렀다.

"1904년 2월, 일본 군대가 러시아의 항구를 공격하면서 결국 두 나라 사이에 전쟁이 시작됐어. 이때 일본은 대한 제국의 중립국 선언을 싹 무시하고는 억지로 '한일 의정서'라는 외교 문서에 합의하

한일 의정서
조선은 개혁을 위해
일본의 충고를
받아들이고, 일본이
전략상 필요로 하는
장소를 제공한다는
내용을 담고 있어.

도록 했어. 그 내용인즉, 자기네가 대
한 제국이 힘을 키울 수 있도록 도울
테니 앞으로 오직 일본만을 믿고 따를
것이며, 그 과정에서 일본이 전쟁을 벌
일 경우 대한 제국은 적극적으로 도와
야 한다는 거였지. 그리곤 곧장 자기네
군사들을 한반도에 들이고 대한 제국

의 땅이며 교통·통신 시설, 사람들의 노동력까지 마음대로 동원해
썼어. 게다가 '한일 협약'을 맺게 되면서 대한 제국은 일본이 보내
준 외국인 고문을 통해 내정 간섭까지 당했단다."

"우리 땅을 놓고 벌이는 전쟁을 우리가 도왔다는 거네요? 으, 자
존심 상해!"

"러시아는 엄청 큰 나라잖아. 설마 일본한테 지겠어?"

**러일 전쟁 때
물자 운반에
동원된 조선인**
러일 전쟁 직전 대한
제국은 중립국을
선언했어. 하지만 전쟁이
시작되고 한반도는
전쟁터가 되고 말았지.
또한 '한일 의정서'와
'한일 협약'의 체결로
일본의 전쟁을 돕는
역할까지 하게 되었단다.

"아냐, 저번에 청나라도 일본한테 진 거 생각 안 나? 혹시 또 몰라······."

아이들이 우왕좌왕하는 가운데 부산스레 책을 뒤지던 왕수재가 "찾았다!" 했다.

"러시아가 졌네. 1905년 9월 일본의 승리, 포츠머스 조약으로 러일 전쟁 종결!"

허탈한 표정이 된 아이들이 다시 용선생을 바라보았다.

"응, 일본의 군사력은 이미 상당히 강해져 있었거든. 게다가 영국뿐 아니라 미국도 일본을 적극적으로 지원해 주었어. 러시아가 만주 일대를 차지하게 되면 자기네한테도 위협이 될 거라고 판단한

침몰하는 러시아의 발트 함대 러시아의 발트 함대는 그 당시 최강의 함대로, 일본 해군을 무찌르기 위해 유럽에서 대한 해협으로 들어왔어. 그런데 이 과정에서 영국은 발트 함대를 교묘하게 방해했지. 발트 함대가 영국의 식민지 항구에서 물자를 공급받지 못하게 하고, 발트 함대의 이동 정보를 일본에 제공한 거야. 결국 지칠 대로 지치고 여기에 위치까지 노출당한 발트 함대는 대한 해협에서 기다리고 있던 일본 해군에 크게 패하고 말았어.

영국과 미국은 전쟁 기간 동안 은밀히 일본을 도왔어. 일본이 이 전쟁에 쓴 비용만 해도 청일 전쟁 때의 여섯 배가 넘었는데, 그중 60%는 영국과 미국이 빌려준 것이었지. 두 나라는 일본의 승리가 거의 확실해지자 일본이 대한 제국을 차지하는 것을 인정해 주겠다는 약속까지 했어. 미국과 일본 사이에는 미국이 필리핀을 차지하고 일본이 대한 제국을 차지하겠다는 비밀 약속이 맺어졌고, 영국과 일본 사이에는 영국이 인도를 차지하고 일본이 대한 제국을 차지하는 것을 서로 돕겠다는 동맹이 맺어졌어. 결국 강대국끼리 약한 나라를 나눠 갖겠다는 거였지. 그리고 전쟁에서 진 러시아 역시 포츠머스 조약을 통해 대한 제국을 관리할 권리가 일본에게 있다고 인정했어."

"어떻게 그런 못된 약속들을 할 수가 있지! 나라가 강하면 단가?"

"그럼 이제 미국하고 영국은 대한 제국이 죽거나 말거나 쳐다도 안 보겠네요! 다른 나라들도 눈치가 보여서 함부로 껴들지 못할 텐데……."

허영심과 장하다가 동시에 "큰일 났네!" 하고 소리쳤다.

포츠머스 조약 러일 전쟁을 끝내기 위해 러시아와 일본이 맺은 조약이야. 미국의 주선으로 미국 뉴햄프셔주 포츠머스에서 열렸어. 이 조약으로 러시아는 조선에 대한 권리를 포기하게 돼.

일본에게 외교권을 빼앗기다

"그래, 큰일이…… 곧바로 났지. 1905년 11월, 일본 관리 이토 히로부미가 대한 제국으로 찾아왔어. 그의 목적은 일본과 대한 제국 사이에 조약을 맺는 것이었어. 그는 고종 황제에게 자기네가 만든 조약문에 서명을 하라고 강요했어. 고종은 절대로 그럴 수 없다고 거절했지. 그러자 이토 히로부미는 고종 황제를 빼고 정부 대신들만을 일본 공사관으로 불러들여 조약문에 서명을 받으려 들었어. 대신들이 서명하지 않으니 경운궁에서 다시 회의가 열렸어. 이번엔 일본 군사들과 대포가 궁궐을 포위하고 있었지. 조약을 맺지 않으면 당장이라도 대포를 쏘아 궁궐을 쑥대밭으로 만들어 버리겠다는 뜻이었어. 결국…… 8명의 대신들 중에서 5명이 찬성하는 가운데,

경운궁을 포위한 일본군 경운궁 대안문 앞을 철통같이 포위한 일본군의 모습이야. 일본은 군대를 동원해 강제로 을사늑약을 맺게 했어. 그후 대안문은 대한문으로 바뀌었고, 1907년 고종이 강제 퇴위 당한 후 이곳에 머물면서는 궁궐의 이름도 덕수궁으로 변경했단다.

일본인들은 훔쳐 낸 대한 제국 외부의 도장을 조약문에 찍고는 '을사늑약'이 성립되었다고 발표해 버렸어."

"아휴, 을사늑약이 대체 뭔데요?"

 나선애의 개념 사전

외부
외국과의 협상이나 통상을 맡아보던 행정 부서야.

을사늑약
1905년, 을사년에 강제로 맺어진 조약이라고 해서 을사늑약이라고 불러. 늑약은 나라 사이에 강제로 맺어진 조약을 말해.

"무슨 내용인데 그렇게 난리냐고요!"

아이들이 답답하다는 듯 아우성쳤다.

"대한 제국과 다른 나라들과의 외교 관계는 일본 정부가 모두 관리할 것이며, 대한 제국은 일본을 통하지 않고는 어떤 조약이나 약속도 하지 못한다, 앞으로 대한 제국의 외교 문제는 일본이 파견하는 '통감'이라는 관리가 책임지고 알아서 한다는 내용이었어. 한마디로 대한 제국의 외교권을 통째로 일본에게 넘긴다는 거지."

"가만, 뭐가 어떻게 되는 거람? 그 통감이라는 관리가 대한 제국 외교부 일을 맡아서 한다는 뜻인가요?"

허영심이 어리둥절한 표정으로 물었다.

"아니, 그보다 훨씬 더 어마어마한 뜻이 담겨 있어. 일본 통감이 대한 제국 정부 밑에 들어와서 일을 한다는 게 아니라, 대한 제국

을사오적

8명의 대신 중 찬성의 뜻을 표한 5명의 대신을 '을사오적'이라고 해. 이들은 일본으로부터 귀족 작위를 받았는데, 이완용은 후작, 이지용은 백작, 그리고 박제순, 권중현, 이근택은 자작 작위를 받았어.

이완용(1858~1926) 미국에 외교관으로 갔을 때는 친미파로, 아관 파천 때는 친러파로, 러일 전쟁 후에는 친일파로 변신했어. 이후 적극적인 친일 활동을 하여, 최악의 매국노로 평가받고 있어.

이지용(1870~1928) 흥선 대원군의 형인 흥인군의 손자야. 뇌물을 받고 벼슬자리를 팔아 비난을 사기도 했고, 일본이 준 1만 엔을 받고 '한일 의정서'를 체결하는 데 앞장서기도 했어.

의 외교권을 가져간 일본 통감부가 대한 제국 정부 위에서 직접 명령을 내리고 나랏일을 주도한다는 거야. 결국 대한 제국을 일본의 보호국으로 삼겠다는 조약이었어."

"헤에? 말도 안 돼!"

장하다와 곽두기의 입이 쩍 벌어지고, 나선애는 인상을 쓰며 따지듯 물었다.

"아니, 그런 조약에 찬성한 사람들은 대체 어느 나라 신하래요?"

"정부에서 중요한 직책을 맡고 있던 이완용, 이지용, 박제순, 이근택, 권중현의 다섯 대신이었어. 이들은 을사늑약에 찬성한 대가로 일본 쪽으로부터 많은 상을 받았다는구나. 하지만 우리나라 사람들은 을사년에 나라를 판 다섯 도둑놈이라는 뜻으로 '을사오적'으로 불렀어."

일본이 강제로 체결한 조약 문서 대한 제국의 외교권은 일본이 갖고, 모든 나랏일은 일본 '통감'이 알아서 한다는 내용을 담고 있어.

박제순(1858~1916) 당시 외부 대신으로서, 사실상 조약 체결의 당사자라고 할 수 있어. 처음에는 을사늑약에 반대했으나, 일본군과 이토 히로부미의 위협 앞에 찬성으로 돌아섰어.

이근택(1865~1919) 명성 황후의 눈에 들어 출세하게 된 사람으로, 원래는 친러파였어. 그런데 러일 전쟁 이후 일본의 힘이 강해지고 있다는 것을 깨닫고 재빨리 친일파로 변신했어.

권중현(1854~1934) 일본에 외교관으로 다녀오면서 완벽한 친일파가 되었고 평생 일본에 협력했어. 원래 이름은 권재형인데, 을사늑약 이후 사람들의 비난을 사자 이름을 바꿨어.

을사늑약 1905년 강제로 체결된 을사늑약을 그린 풍자화야. 헐버트가 발행한 《코리안 뉴스페이퍼》에 실렸지. 칼을 앞세운 일본 군의 협박 속에서 고종 황제는 화를 내고 있고, 을사오적 중의 한 명이 서명을 하고 있어.

통감부 개청 기념 엽서 통감부 설치를 기념하기 위해 발행한 엽서야. 초대 통감이 된 이토 히로부미는 일본 총리를 네 번이나 역임했으며, 메이지 천황이 유일하게 '친구'라고 부르는 사람이었다고 해.

"황제는요? 고종 황제도 조약을 받아들인 거예요?"

"아니, 받아들이지 않았어. 원래 나라와 나라 사이에 외교적인 약속을 맺는 데는 두 가지 방식이 있어. 양쪽 책임자끼리 서명을 하는 간단한 협약과, 나랏일을 책임지고 있는 왕이나 의회가 그 내용을 확인하고 동의한다는 표시를 해야만 하는 정식 조약이 있지. 이때 왕이나 의회가 조약 내용에 동의하는 것을 '비준'이라고 해. 나라의 외교권을 내맡기는 정도로 중요한 문제라면 당연히 정식으로 조약을 맺어야겠지. 그래서 일본도 어떻게든 고종의 비준을 받으려 기를 썼어. 하지만 고종은 끝까지 조약문에 도장을 찍지 않았지. 그러니 대한 제국 황제의 비준을 거치지 못한 을사늑약은 법적인 효력을 지닌 조약이 아니야. 오죽하면 조약문에는 변변한 제목조차 붙어 있지 않앉어. 그해가 을사년이었기 때문에 그냥 을사늑약이라고 부르게 된 거지. 일본은 제대로 된 조약이든 아니든 전혀 아랑곳하지 않고 곧장 대한 제국의 외교권을 빼앗아 버렸어. 을사늑약 체결에 앞장선 이토 히로부미가 초대 통감이 되었지."

"아우~ 순 날강도 아냐!"

'이천만 동포여! 살았는가, 죽었는가?'

"을사늑약이 맺어진 사실을 사람들에게 제일 먼저 알린 것은 《황성신문》이었어. 〈시일야방성대곡(是日也放聲大哭)〉, 즉 '이 날에 목 놓아 통곡하노라'라는 제목의 신문 사설을 통해서였지. 이 사설은 개, 돼지만도 못한 정부 대신이란 자들이 제 한 몸 잘살자고 나라를 팔아먹는 도적이 되었다며 매섭게 꾸짖었어. 끝 부분만 조금 들려주마."

용선생은 크흠, 하고 목청을 가다듬은 뒤 굵직한 목소리로 사설을 읽어 주었다.

"아! 원통한지고. 아! 분한지고. 우리 2천만 동포여, 노예 된 동포여! 살

《황성신문》에 실린 〈시일야방성대곡〉 《황성신문》은 남궁억이 1898년 창간한 대표적인 애국 신문이야. 〈시일야방성대곡〉은 거의 집집마다 보관하고 외울 정도로 그 파장이 엄청났대.

지난 일이지만 슬프다...

았는가, 죽었는가? 단군 이래 4천 년 국민 정신이 하룻밤 사이에 홀연히 망하고 말 것인가. 원통하고 원통하다. 동포여! 동포여!"

"하아……."

핑그르르 눈물이 고여 버린 허영심이 깊은 한숨을 내쉬었다.

"일본이 엉터리 조약으로 나라의 외교권을 빼앗아 버렸다는 소식이 퍼지자 온 나라 사람들이 분통을 터뜨렸어. 백성들은 너 나 할 것 없이 거리로 몰려나와 조약을 당장 거두라고 외쳤지. 한양의 모든 상점들이 일제히 문을 닫아걸어 조약에 반대하는 뜻을 표했고, 어린 학생들도 학교에 가지 않고 거리에 나와 조약 반대를 외쳤어. 유생들은 절대로 조약을 받아들일 수 없다는 상소문을 써서 날마다 궁궐에 올렸지. 그런가 하면 조약에 찬성한 다섯 명의 대신을 처단하기 위한 '오적 암살단'이 조직되기도 했어."

"그래서, 오적을 처단하는 데 성공했나요?"

"아니. 그들은 일본 군사들의 철저한 경호를 받았거든. 오히려 이들을 처단하려던 사람들이 붙잡혀 벌을 받은 일이 더 많았지."

장하다가 분한 표정으로 책상을 쾅쾅 두들겼다.

민영환(1861~1905) 임오군란 때 살해당한 민겸호의 아들이야. 《독립신문》과 독립 협회를 후원하다 민씨들의 미움을 사기도 했고, 나랏일에 간섭하는 일본을 비판하다 불이익을 받기도 했어.

"대한 제국의 전직, 현직 관리들 중에는 스스로 목숨을 끊어 을사늑약에 항거한 사람들도 있었어. 조병세, 홍만식, 이명재, 이상철, 송병선, 김봉학, 민영환…… . 특히 고종 황제의 외사촌으로 오랫동안 권력의 핵심에 있었던 민영환의 죽음은 백성들에게 적잖은 충격을 주었어. 그가 남긴 유서에는 정부 대신으로서 조약 체결을 막지 못한 점을 2천만 동포 형제에게 사과한다고 쓰여 있었어. 자신은 죽어도 죽지 않고 저승에서 동포를 도울 것이니 모두 마음을 하나로 모아 자유와 독립을 회복해 달라고, 그러면 자신은 죽은 몸이라도 저승에서 기뻐 웃을 것이라고 했지."

민영환의 유서
민영환은 죽기 전에 유서 2통을 남겼어. 사진 속 유서는 2천만 동포에게 보내는 것으로, 명함에 연필로 휘갈겨 썼어. 민영환의 죽음은 사람들에게 큰 충격을 주었어.

훌쩍, 하고 콧물을 들이마시는 소리에 아이들의 시선이 한꺼번에 허영심에게 쏠렸다. 부끄러워진 영심이 얼른 눈가를 문질렀다.

"으, 왜 아까 선생님이 귀신도 울고 갈 일이라고 했는지 알 거 같아요."

"맞네…… . 나라가 망하게 생겼으니 산 사람이고 죽은 귀신이고 다 분해서 울었을 거야."

고개를 숙이고 있던 장하다가 "그치만 울고만 있을 순 없잖아요!" 하고 소리쳤다.

"아무렴! 강제로 을사늑약을 맺고 대한 제국을 집어삼키려 드는 일본에 맞서기 위해 의병이 다시 일어났지! 을미년에 일어났다가 잦아들었던 의병 운동이 다시 불붙게 된 거야. 이번에도 양반과 유

신돌석
(1878~1908)
태백산 호랑이로 불린
평민 의병장 신돌석의
모습이야. 을미사변과
을사늑약 이후 경상도,
강원도 일대에서
활약했지만 의병 연합
당시 평민 출신이라는
이유로 참여하지 못했어.
그럼에도 불구하고
신돌석 부대는 항일 의병
운동을 지속했단다.

생들이 나서서 의병 부대를 이끌었어. 대표적인 사람이 민종식과 최익현이야. 특히 최익현은 이미 일흔 살도 넘은 나이에 직접 의병장으로 나섰어."

"최익현? 혹시 도끼 들고 상소를 올렸던 그분 아니에요?"

"맞아 영심아! 양반과 유생들이 이끄는 의병 부대는 백성들의 마음을 울려 더 많은 이들이 의병에 참여하게 만들었어. 그중에는 평민 출신의 의병장이 이끄는 의병 부대도 있었지. 대표적인 평민 의병장 신돌석은 경상북도와 강원도를 넘나들며 용맹하게 활약해 '태백산 호랑이'라고 불리기도 했단다."

"선생님! 고종 황제도 너무나 분했을 텐데, 그냥 가만히 있었나요?"

곽두기가 살며시 손을 들며 물었다.

"고종 황제는 을사늑약이 효력 없는 조약이라는 점을 해외 여러 나라에 알리고 도움을 받으려 했어. 일본 쪽의 감시를 피해 자신이 직접 쓴 편지를 여러 나라의 황제와 대통령에게 보냈지. 하지만 어느 나라도 선뜻 대한 제국을 도우려 들지 않았어. 이미 일본이 여러 강대국들과 미리 합의해

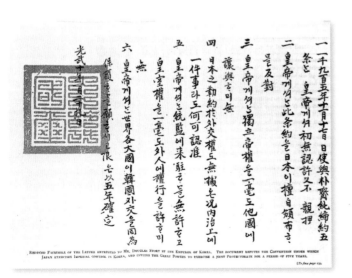

고종의 을사늑약 무효 선언서
고종이 1906년 1월 29일에 작성한 선언서야.
영국 《트리뷴》에 실려 을사늑약의 불법성을
서양에 처음 알렸어. 왼쪽 윗부분에 을사늑약에는
없는 고종의 국새가 선명하게 찍혀 있어.

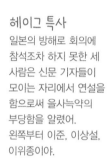

둔 내용이 있었으니까. 하지
만 고종은 포기하지 않았어.
마침 1907년에 네덜란드
의 헤이그에서 '만국 평화
회의'라는 국제회의가 열리
게 되었어. 고종은 비밀스럽게
세 사람의 신하를 대한 제국의 특
사 자격으로 이 회의에 보냈지. 을
사늑약이 무효라는 점을 세계에 알리려 했던 거야. 하지만 회의 초
청 명단에도 들어 있었던 세 사람의 대한 제국 특사는 끝내 회의장
에도 들어가지 못하고 말았어."

"어! 그건 왜죠?"

왕수재가 다급한 목소리로 물었다.

헤이그 특사
일본의 방해로 회의에
참석조차 하지 못한 세
사람은 신문 기자들이
모이는 자리에서 연설을
함으로써 을사늑약의
부당함을 알렸어.
왼쪽부터 이준, 이상설,
이위종이야.

만국 평화 회의 세계 평화를 이루는 방법을 논의하기 위해 각국의 대표들이 모인 회의였어.
만국 평화 회의의 구체적인 목적은 각 나라의 군대를 늘리는 것을 제한하는 것이었지.

"일본 쪽에서 이 사실을 알고 고종의 특사들이 회의장에 들어갈 수 없도록 방해를 한 거야. 다른 나라들도 대한 제국은 이미 외교적으로 일본의 보호를 받고 있으니 할 말이 있으면 일본 대표를 통해 하라면서 모른 척했어. 특사들은 사방팔방으로 뛰며 어떻게든 우리의 입장을 알리려 했지만 쉽지 않았지. 특사 중 한 명인 이준은 그곳에서 죽음을 맞고 말았어. 아마 병을 얻어 그렇게 되었던 것 같아. 병이 깊어져 의식을 잃었던 그는 마지막 순간에 병상에서 일어나 '이 나라를 구해 주소서! 일본이 우리나라를 강탈하려 합니다!' 하며 가슴을 쉬어뜯다 숨을 거두었다

는구나. 그 심정이 얼마나 애통했겠니?"

썍썍거리는 숨소리만 가득할 뿐, 아이들은 누구 하나 선뜻 입을
떼지 못했다.

 ## 일본의 침략에 맞서 무기를 든 사람들

"헤이그에 특사를 파견한 일은 결국 성과를 내지 못했어. 게다가
이 일을 빌미로 일본은 고종을 황제의 자리에서 끌어내리려 했어.
을사늑약을 끝까지 비준하지 않은 데다 국제 사회에 문제를 제기
하려 하니, 해결책은 고종을 밀어내는 것이라고 판단한 거지. 결국
일본의 압력에 못 이긴 고종은 황제의 자리에서 물러나고 대신 고
종의 아들이 그 자리를 물려받았어. 우리 역사상 마지막 황제인 순
종이야. 하지만 경운궁에서 고종이 순종에게
황제의 자리를 넘겨주는 양위식이 열렸을 때,
두 사람은 그곳에 없었어. 침략자들의 손에 밀
려나는 고종도, 억지로 그 뒤를 잇게 된 순종
도, 차마 그 자리에 참석할 수 없었던 거지."

"아흐~~ 분해! 속 터져!"

장하다가 가슴을 퉁퉁 두들겨 댔다.

돈덕전의 고종
1907년 황제의 자리에서
물러난 고종이 평복을
입고 경운궁 돈덕전
2층에 서 있는 모습을
찍은 사진이야.

"고종 황제를 몰아낸 일본은 대한 제국에 또다시 조약을 맺도록 강요했어. 바로 '한일 신협약'이라는 것이었지. 1907년은 정미년 이었기에 이 조약을 '정미조약'이라고 부르기도 해. 7개의 조항으로 이루어진 이 조약 내용을 한마디로 간추리면, 통감에게 대한 제국의 정치에 일일이 간섭할 수 있는 권한을 준다는 것이었어. 특히 '통감이 추천하는 일본인을 대한 제국 관리로 임명해야 한다'는 조항은 이후 큰 변화를 불러일으켰어. 일본은 이 조항에 따라 정부 각 부서에서 장관 다음으로 높은 직책인 차관을 일본인으로 임명하도록 하고 대한 제국의 정치를 직접 주무르기 시작했거든."

"어쩜…… 아주 차근차근 숨통을 조여 오잖아?"

나선애의 불안한 목소리에, 용선생은 그 말이 맞다는 듯 끄덕였다.

"역시 1907년, 일본은 '신문지법'과 '보안법'이라는 새로운 법을 만들어서 신문이나 잡지에 일본에 반대하는 내용이 실릴 수 없도록 하고, 사람들이 모여서 집회를 열거나 단체를 만드는 일도 못하게 했어. 그뿐이 아니야. 그들은 대한 제국의 군대를 통째로 해산시켜 버렸어. 먼저 외교권을 빼앗은 뒤 정치, 언론, 사회, 군사 분야까지 옴짝달싹 못하게 얽어매 버린 거야."

"잠깐요, 군대를 해산시켰다면 군사들한테 집에 가라고 했다는 말이에요?"

"응, 공식적으로 군대를 없애 버려서 더 이상 대한 제국을 지킬

군사가 없도록 만들었다는 얘기지. 군인들은 격렬히 저항했어. 특히 한양을 지키는 군대의 대대장이던 박승환이 자결을 하자, 더욱 분노에 찬 한양의 군사들은 일본군과 전투를 벌이기까지 했지. 그리고 전국적으로 많은 해산 군인들이 집으로 돌아가지 않고 의병이 되었어. 의병 부대를 찾아가기 전에 무기 창고에서 무기를 챙겨 둔 이들도 꽤 있었지. 이렇게 잘 훈련된 군사들과 성능 좋은 무기가 흘러들게 되면서 의병 부대의 전투력과 조직력도 한층 높아졌어. 이전에는 주로 유생들이 의병 부대를 이끌었지만 점점 평민이나 천민 출신, 또는 몰락한 양반 출신 의병장들의 활약이 두드러졌어. 물론 해산 군인 중에도 의병장으로 나선 이들이 많았고. 군대

정미의병 영국인 기자 매켄지가 찍은 정미의병의 사진이야. 해산된 군인이 의병에 참여하면서 전투력이 향상되었다는 것을 사진 속의 사람들이 들고 있는 총을 통해 확인할 수 있어. 그리고 다양한 연령대와 옷차림으로 보아 여러 계층의 사람들이 참여했다는 것도 알 수 있지.

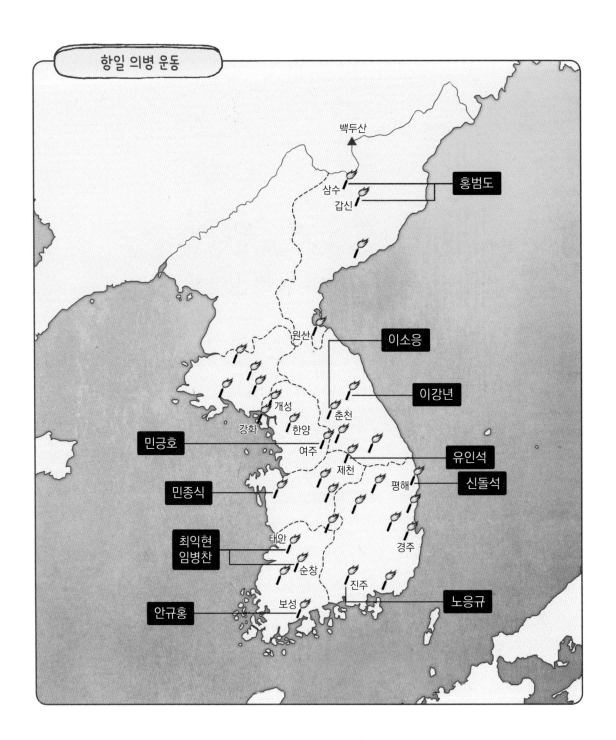

항일 의병 운동

백두산
삼수
갑산
홍범도
원산
이소응
춘천
이강년
개성
강화
한양
민긍호
여주
유인석
제천
민종식
평해
신돌석
태안
최익현
임병찬
순창
경주
진주
안규홍
보성
노응규

가 해산된 1907년부터 전국적으로 기세를 올리기 시작한 의병 투쟁의 불길은 1908년을 거쳐 1909년까지 지칠 줄 모르고 타올랐지! 전국의 의병 부대가 서로 힘을 합쳐 연합 부대를 조직했고, 지방의 의병 부대가 한양을 공격하기도 했어. 그리고 의병을 독립군으로 인정할 것을 열강에 호소했지.”

“와우, 감동! 힘내라 의병!”

“힘내라 의병!”

장하다와 곽두기가 나란히 외쳤다.

“의병 투쟁이 광범위하게 일어나자 일본군은 의병들을 잔인하게 탄압했어. 수많은 의병들을 죽이고, 의병을 도와줄지도 모른다며 평화로운 마을을 잿더미로 만들어 버렸지. 그래도 의병들의 투쟁 의지는 꺾이지 않았어. 특히 의병 부대의 활약이 제일 컸던 지역은 전라도 일대였어. 이들을 당해 낼 수 없던 일본군은 1909년 가을

박승환
(1869~1907)
1907년 일본이 강제로 대한 제국 군대를 해산시키던 날 "대한 제국 만세"를 외치고 스스로 목숨을 끊었어. "군인이 나라를 지키지 못하고 신하가 충성을 다하지 못하면 만 번 죽어도 아깝지 않다"는 유서를 남겼어.

호남 의병장
일제가 국내에서 활동하는 의병 세력을 완전히 진압할 목적으로 의병의 주요 근거지인 전라도 및 그 외곽 지대에 일본군을 배치해서 초토화 작전을 펼쳤어. 이 사진은 그때 체포된 의병장들이야.

엄청난 토벌 작전을 벌였어. 군사들을 끌어모아 육지와 바다에서 전라도를 에워싸 버린 거야. 그리고 차츰 바닷가 쪽으로 몰아가면서 눈에 띄는 의병은 모조리 죽여 버렸어. 아니, 의병뿐 아니라 무기를 들어 본 적도 없는 평범한 백성들도 숱하게 죽이고 잡아 가뒀어. 두어 달 사이에 전라도에서 죽임을 당한 의병의 수만 해도 4천 명이 넘었지. 이 토벌 작전으로 의병 투쟁은 더 이상 이어지기 어려웠어."

"아…… 어떡해."

허영심의 안타까운 목소리였다.

"하지만 이걸로 의병 투쟁의 불씨가 완전히 꺼진 것은 아니야. 살아남은 의병 중에는 몰래 나라를 빠져나가 북쪽 중국이나 러시아로 건너가서 새로운 싸움을 시작한 이들도 있었어. 대표적으로 함경도에서 활약하던 의병장 홍범도는 이때 러시아로 건너간 뒤 1920년대까지 일본군과 맞서 싸우며 여러 번 승리를 이끌어 냈어. 그리고 또 한 명, 군대가 해산된 1907년에 이미 러시아의 연해주로 건너가 그곳에서 의병을 이끌던 사람이 있었어. 바로 안중근이었지."

"안중근 의사! 알죠, 손가락 하나가 없으신 분!"

"그래. 안중근은 뜻을 모은 동지들과 함께 비밀 단체를 만들고 일본의 침략을 이끈 장본인인 이토 히로부미를 처단할 계획을 세웠어. 금방 하다가 말한 그 네 번째 손가락은 동지들과 함께 결의를

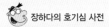
**안중근의 의거를
도운 사람들**
안중근은 이토
히로부미가 만주에
온다는 소식을 듣고,
우덕순, 유동하,
조도선과 함께 의거를
준비했어. 안중근의
의거 이후 우덕순,
유동하, 조도선도
체포되어 안중근과
같이 재판을 받았지.
재외 동포 최재형은
안중근의 의거가
성공할 수 있도록
경제적인 지원을
하고, 재판을 받는
이들이 풀려날 수
있도록 노력했어.

다지기 위해 끊어 버린 것이라고 하지. 그는 1909년 10월 26일, 만주의 하얼빈 역에서 이토 히로부미를 향해 일곱 발의 총탄을 쏘았어. 그중 세 발을 맞은 이토는 곧 숨을 거뒀지. 안중근은 '코레아 우라!' 하고 러시아 말을 크게 외친 뒤 곧 체포되었어. 그리고 얼마 뒤 사형을 당했지."

"'코레아'는 우리나라를 말하는 거 같은데 '우라'는 무슨 뜻이죠?"

"'만세'라는 뜻이야. 침략자를 암살한 뒤 당당히 '대한 제국 만세!'라고 외친 거지."

장하다가 "코레아 우라!" 하며 손을 번쩍 들어 올리자, 다른 아이들도 "코레아 우라!" 하고 따라 외쳤다.

아이들을 흐뭇한 표정으로 바라보던 용선생이 설명을 이어 갔다.

"그뿐만이 아니야. 이 당시엔 일본의 침략을 도왔던 사람들을 살

유언하는 안중근 안중근이 두 동생을 만나 유언을 하는 모습이야. 안중근은 재판을 받을 때 이토 히로부미의 죄 15가지를 언급했는데, 국권을 강제로 빼앗은 죄, 조선이 일본의 보호를 받고자 한다고 전 세계에 거짓말한 죄, 동양 평화를 깨뜨린 죄 등이었어.

해하려는 움직임도 많았어. 미국에서는 전명운과 장인환이
한일 협약 이후 대한 제국의 외교 고문으로 활동하면서 일
본의 대한 제국 지배를 찬양한 스티븐스를 저격했지. 그리
고 이재명은 을사늑약에 앞장선 이완용을 공격해서 큰 부상
을 입혔어."

전명운(1884~1947)
일제의 대한 제국 침략을 돕던
스티븐스가 샌프란시스코에 온다는
소식을 듣고, 살해하려고 했으나
총알이 나가지 않자 몸싸움을
벌였지. 이 사건 후에도 독립운동을
지속하다가 미국에서 세상을 떠났어.

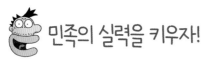 ## 민족의 실력을 키우자!

"자, 이번엔 좀 차분한 이야기를 해 보자. 나라를 지키기
위해 의병 운동을 한 사람들이 있었던 한편, 민족의 실력을
키우기 위해 노력한 사람들도 많았어. 1905년부터 1910년
사이에 두드러졌던 이 흐름을 '자강 운동(自强運動)' 또는 '애
국 계몽 운동(愛國啓蒙運動)'이라고 해. 자강 운동은 스스로 강
해지자는 운동, 애국 계몽 운동은 나라를 위해 배우고 깨치
자는 운동이라는 뜻이지."

"아! 열심히 공부를 해야 강해진다는 얘기네요!"

왕수재가 목을 쑥 빼며 소리쳤다.

"그래. 그러려면 일단 학교부터 필요하겠지? 그래서 이 시
기에는 많은 단체들이 생겨나 앞다투어 학교를 세우고, 책

장인환(1876~1930)
스티븐스의 방문 소식에 그를
살해하기 위해 찾아간 자리에서
스티븐스와 전명운이 몸싸움을
벌이고 있는 것을 보았지. 장인환은
스티븐스를 저격해 중상을 입혔어.

전명운과 장인환
두 사람의 이야기!

참고 영상

양기탁
(1871~1938)
1904년 영국인 베델과
함께 《대한매일신보》를
창간했어. 1907년 안창호
등과 신민회를 조직했고,
국채 보상 운동을
확산시키는 데 기여했어.

과 신문을 찍어 내고, 또 청년들의 배우려는 의지를 일깨우기 위해 노력했어. 마을의 서당을 고쳐 지은 작은 학교부터 큰 건물과 운동장까지 갖춘 서양식 학교까지, 전국적으로 수천 개의 학교가 새로 세워졌지. 학교에서는 많은 과목을 가르쳤지만 특히 국어와 국사 교육에 힘을 쏟았어. 우리 민족의 말과 글, 역사를 바로 알고 소중히 여기면서 민족 정신과 애국심을 높이려 했던 거야. 주시경 같은 한글 학자가 한글 연구를 활발히 했던 것도 이 시기였지. 역사 쪽에서는 특히 이순신이나 을지문덕처럼 외세와 맞서 싸워 이긴 장수들의 일생을 다룬 책이 쓰여 널리 읽혔어.”

“맞아! 이순신 장군님 앞에서는 꼼짝도 못했으면서!”

장하다가 팔을 휘저었다.

“언론 활동도 부쩍 활발해졌어. 아까 말했던 《황성신문》이나 《대한매일신보》가 대표적인 신문이었지. 특히 양기탁이 영국 언

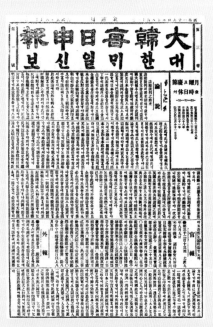

《대한매일신보》 1904년에 처음으로 나온 신문으로, 한글판과 국한문 혼용판 그리고 《Korea Daily News》라는 영문판이 제작되었어. 양기탁은 일본의 탄압에서 자유롭게 활동하기 위해 영국인인 베델을 발행인으로 내세웠어.

베델(1872~1909) 한국 이름은 '배설'이야. 일본에서 무역 일을 하다가 러일 전쟁이 터지자 영국 신문 《데일리 크로니클》의 특파원 자격으로 조선에 왔어. 서른여섯의 젊은 나이에 죽었는데 "나는 죽더라도 신문을 계속 만들어서 한국 민족을 구하라"는 유언을 했다고 해.

론인인 베델이라는 사람과 함께 운영하던 《대한매일신보》는 일본의 침략 행위를 비판하고 각지 의병들의 전투 상황을 알리며 항일 언론으로 자리 잡았지. 발행인이 일본이나 대한 제국 법의 적용을 받지 않는 외국인이었기 때문에 상대적으로 자유롭게 활동할 수 있었던 거야. 하지만 1907년 무렵부터는 일본의 감시와 탄압이 더욱 심해졌어. 아까 말한 신문지법과 보안법이 만들어진 때였지. 결국 여러 단체들이 강제로 해산당하거나 일본의 비위를 맞추는 단체로 변해 갔어."

"어머, 일본의 비위를 맞춰요?"

허영심이 얼굴을 찌푸렸다.

"사실 이 시기의 애국 계몽 운동은 한계도 지니고 있었어. 실력을 키우는 일만을 중요하게 여기다 보니 일본에 맞서 무장 투쟁을 벌이는 것은 현명한 일이 아니라고 비판하거나, 일본과 적당히 손을 잡아야 우리 민족이 빨리 성장할 수 있다고 주장하는 이들도 있었지. 그만큼 일본 편으로 넘어가 버릴 가능성도 컸던 거야."

"치, 그런 사람들이 많았던 건 아니겠죠?"

"그럼! 한발 물러선 이들도 있었지만 오히려 한발 더 내디딘 이들도 있었지. 일본의 탄압이 한층 심해지자 안창호, 양기탁, 신채호, 이승훈 등은

안창호
(1878~1938)
비밀 결사인 신민회를 조직하는데 주도적인 역할을 했어. 미국 망명 후에도 대한인 국민회를 조직하고, 흥사단을 창설해 민족 지도자를 키웠지. 대한민국 임시 정부에도 적극적으로 참여했던 그는 죽기 전까지 계몽 운동을 전개했어.

신채호
(1880~1936)
《황성신문》과 《대한매일신보》 등에 글을 실어 독립 정신을 북돋우고, 국권이 일본에 넘어간 후에는 중국에서 독립 운동과 역사 연구에 힘썼어. 일화에 따르면, 신채호는 세수할 때도 고개를 숙이지 않았다고 해. 어디를 봐도 일본 땅이니 거기에 고개를 숙이고 싶지 않아서라나.

신민회라는 비밀 조직을 만들었어.

신민회는 다양한 활동을 전개했어. 오산 학교, 대성 학교를 설립해서 민족 교육을 실시하고, 자기회사와 태극서관이라는 민족 기업을 육성했지. 《대한매일신보》의 직원들도 대부분 신민회 회원이었어. 또한 그들은 만주에 독립운동 기지를 건설하고, 신흥 강습소를 세워서 독립군을 양성했단다. 애국 계몽 운동과 무장 투쟁 운동을 함께 했던 거야. 나아가서 신민회는 더 이상 왕권의 회복을 주장하지 않고, 국민들이 주권을 갖는 나라, 국민이 뽑은 대표로 정부를 꾸리려는 목표를 가지고 있었어."

"하, 어쩐지 불안하네."

나선애가 초조한 표정으로 연필을 빙빙 돌렸다.

"그래……. 신민회 회원들의 움직임을 눈여겨보던 일본은 그대로 두면 자기네한테 큰 위협이 될 거라고 생각했어. 집요하게 그들의 활동을 감시하고 방해하다가 1911년에 가서는 별일 아닌 일로 꼬투리를 잡아 수백 명의 신민회 회원들을 붙잡아 고문하고, 그중 105명에게 무거운 형벌을 내렸어. 이 사건을 흔히 '105인 사건'이라고 불러. 결국 신민회의 활동도 이걸로 막을 내리게 됐지. 하지만

평양 대성 학교
안창호가 세운 중등 교육 기관이야. 평양에서 이름난 부자였던 김진후가 후원했어. 이 사진은 1912년의 졸업식 풍경을 찍은 것인데, 처음이자 마지막 졸업식이 되고 말았어. 일본 국기를 거는 것을 거부하다가 학교 문을 닫아야 했거든.

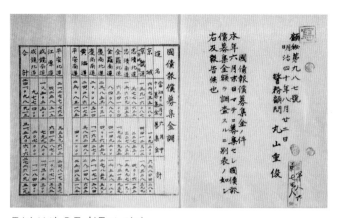

국채 보상 운동 헌금자 명단 나라 빚을 대신 갚기 위한 운동에 참여한 사람들의 지역과 이름, 금액 등을 기록한 문서야. 이 운동은 전국적으로 전개되었지만 일제의 방해로 좌절되고 말았어.

이들이 무장 투쟁을 벌일 목적으로 만주에 세운 신흥 강습소는 나중에 독립군을 키워 내는 데 큰 몫을 하게 된단다."

나선애가 "아후~" 하고 안타까운 한숨을 내뱉었다.

"1907년에는 이런 일도 있었어. 당시 대한 제국 정부는 일본에게 큰 빚을 진 상태였어. 을사늑약을 맺은 뒤 일본은 우리 땅에 철도니 도로를 놓고, 화폐 제도를 정리하고, 또 교육 제도를 개선시킨다면서 자기네 돈을 반강제로 끌어다 안겼어. 그것도 아주 비싼 이자를 붙여서. 빚은 해마다 불어났고 정부가 갚을 수 없을 정도로 커졌지. 그러자 국민들이 직접 나라 빚을 갚겠다며 돈을 모으기 시작한 거야. 당시 대부분의 사람들은 먹고살기도 어려웠지만 담배도 끊고 밥 먹는 양도 줄여 가면서 너도나도 모금에 참여했어. 여자들은 반지와 비녀를 팔고, 머리카락까지 팔아서 돈을 냈지. 이 흐름을 '국채 보상 운동'이라고 해. 나라 빚 갚기 운동이라는 뜻이지."

"눈물겹네. 그래서 빚은 갚았나요?"

"아니, 두어 달 만에 꽤 많은 액수가 모이긴 했지만 일본이 가

만 놔두지 않았지. 이때 모금 운동에 특히 적극적으로 앞장선 것이
《대한매일신보》였는데, 총무인 양기탁이 모금한 돈을 빼돌렸다고
누명을 씌워 잡아 가둬 버린 거야. 그는 나중에 죄가 없다는 점이
밝혀져서 풀려났어. 하지만 국채 보상 운동은 그걸로 흐지부지되어
버렸어."

"대체 어쩌란 말이야? 이것도 못하게 하고 저것도 못하게 하고!"

허영심이 콧김을 퐁퐁 내뿜었다.

1910년, 일본에게 주권을 빼앗기다

"이 모든 노력에도 불구하고…… 결국 대한 제국은 슬픈 운명을 맞게 되었어."

용선생의 침통한 목소리에 아이들이 잔뜩 긴장하며 눈에 힘을 주었다.

"1909년에 사법권과 경찰권까지 강제로 손에 넣은 일본은 대한 제국을 완전히 집어삼키기 위한 마지막 절차를 서둘렀지. 1910년

조선 침탈 과정을 그린 주사위판 1911년 1월 1일 일본의 《일출신문》에서 특집 부록으로 발행한 주사위 놀이판이야. 임진왜란을 일으킨 도요토미 히데요시와 귀무덤, 이토 히로부미 등이 그려져 있어. 주사위를 던져 나온 숫자만큼 칸을 옮겨 가다 가운데의 '병합' 칸에 도착하면 게임이 끝나.

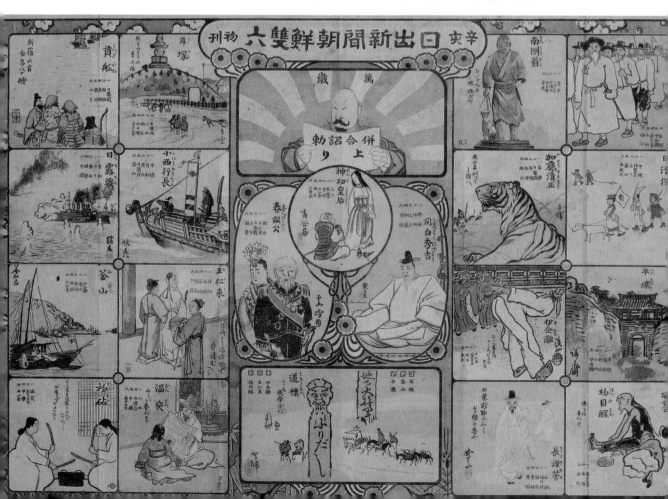

8월 22일, 한양 곳곳에는 일본 군대와 헌병대가 깔렸어. 이 삼엄한 분위기 속에서 당시 새 통감으로 임명된 일본인 데라우치 마사타케와 총리 대신 이완용은 조약문 한 장에 서명을 했어."

"무, 무슨 조약문인데요?"

"대한 제국 황제는 대한 제국의 통치권 전부를 영원히 일본 황제에게 넘긴다는 조약문이었어. 대한 제국은 이로써 주권을 잃고 일본 황제가 다스리는 땅이 되고 만 거야. 1910년은 경술년이었어. 일본이 '한국 병합 조약'이라고 이름 붙인 이 조약을 두고 사람들은 '경술국치(庚戌國恥)'라고 불렀어. 경술년에 벌어진 나라의 치욕이라는 뜻이지. 500년 넘게 이어져 내려온 조선 왕조도 여기서 끝났어. 조선 왕조의 상징인 경복궁 근정전에는 일본 국기가 내걸렸어."

잠시 무거운 침묵이 흐르는가 싶더니 아이들 사이에서 기괴한 소리가 새어나왔다.

"끄으윽~."

깜짝 놀란 용선생이 "이게 무슨 소리냐?" 했다.

"귀신이 또 우나 봐요."

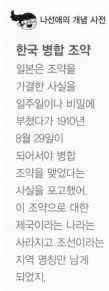

나선애의 개념 사전

한국 병합 조약
일본은 조약을 가결한 사실을 일주일이나 비밀에 부쳤다가 1910년 8월 29일이 되어서야 병합 조약을 맺었다는 사실을 포고했어. 이 조약으로 대한 제국이라는 나라는 사라지고 조선이라는 지역 명칭만 남게 되었지.

경복궁 근정전에 걸린 일장기 강제 병합 5주년이 되는 1915년, 일제가 식민 지배를 선전하기 위해 조선 물산 공진회를 열면서 찍은 기념 사진이야.

장하다가 맥 빠진 표정으로 허영심을 보며 말했다. 고개를 숙인 채 두 손으로 입을 꽉 틀어막고 울음을 참는 영심의 어깨가 들썩거렸다. 그 모습을 바라보는 용선생의 눈빛은 더없이 부드러웠다.

"저런…… 우리 영심이가 오늘 눈물이 많구나. 가슴 아픈 역사를 마음으로 느낄 줄 아는 건 참 소중한 일이야. 영심아, 그렇지만 너무 속상해 마라. 이걸로 모든 게 끝난 게 아니니까."

용선생이 하던 말을 멈추고 창밖을 바라보았다.

"봐라, 지금은 저렇게 흐리고 바람이 몰아치지만 내일은 다시 해가 반짝 떠서 세상을 따뜻하게 비출걸? 나라를 빼앗겼을지언정 시간은 멈추지 않았어. 그 뒤로도 역사는 흐르고, 이 땅에 살던 사람들은 더욱 치열하게 새로운 희망을 만들어 갔어!"

그제야 영심은 눈을 들어 용선생을 바라보았다. 그리곤 천천히 고개를 끄덕였다.

그럼 9권에서 계속!

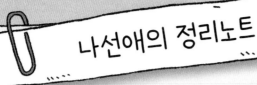 

나선애의 정리노트

1. 일본이 강제로 대한 제국의 국권을 빼앗은 과정

1905년 9월	러일 전쟁에서 일본 승리	강대국들이 일본의 조선에 대한 권리 인정
1905년 11월	을사늑약	통감부 설치, 외교권 박탈
1907년 7월	정미조약	행정권, 군사권 박탈(대한 제국 군대 해산)
1909년 7월	기유각서	사법권 박탈
1910년 8월	한국 병합 조약	국권 박탈

2. 의병 운동

① 전개 과정

을사늑약을 계기로 의병들이 다시 일어남(1905년) → 일본이 강제로 군대를 해산시킴

(1907년) → 해산된 군인들이 의병 부대에 합류, 활발한 의병 투쟁(1907~1909년)

→ 의병들이 일본군에 의해 토벌됨(1909년)

② 안중근의 의거

1909년 만주 하얼빈 역에서 초대 통감 이토 히로부미를 사살함

3. 애국 계몽 운동

① 교육과 언론 활동

　-교육 : 학교 설립, 국어와 국사 교육

　-언론 : 《황성신문》, 《대한매일신보》 등

② 국채 보상 운동

　-나라 빚 대신 갚기 운동

③ 신민회

　-무장 투쟁으로 일본에 저항하고, 국민이 뽑은 대표로 정부를 만들고자 함

용선생의 역사 카페

역사계의 슈퍼스타,
용선생의 역사 카페에
오신 걸 환영합니다

Log in

게시판 ⌄

📄 역사가 제일 쉬웠어용!
📄 이제는 더~ 말할 수 있다!
📄 필독! 용선생의 매력 탐구
📄 전교 1등 나선애의 비밀 노트

안중근, 조선의 독립을 위해 살고 죽다

안중근은 을사늑약이 체결되자, 중국 상하이로 건너가서 외교를 통해 나라를 구하고자 했어. 그런데 여의치 않자 평안남도 진남포로 가서 민족의 실력을 양성하기 위한 운동에 뛰어들었지. 삼흥 학교와 돈의 학교 등의 학교를 세우고, 삼합의라는 회사를 설립하기도 했어. 또 국채 보상 운동을 주도적으로 이끌기도 했지.

그런데 고종이 황제의 자리에서 쫓겨나고 조선의 군대가 강제로 해산되는 등 조선의 운명이 위태로워지자 의병 투쟁으로 전략을 바꾸었어. 러시아 연해주로 망명한 그는 의병 부대를 조직했고, 일본군을 기습 공격해 여러 번 승리를 거두었어. 이때 안중근은 일본군 포로를 죽이지 않고 그냥 돌려보냈다고 해. 국제법상 그게 옳다고 생각한 거지.

그러던 중 이토 히로부미가 만주로 온다는 소식을 들은 그는 이토를 처단할 계획을 세웠어. 이토가 국권을 박탈하는 데 큰 역할을 했으니 '처단'하는 것이 국민의 의무라고 생각한 거야.

이도 히로부미를 숙인 안중근은 그 자리에서 체포되어 조사와 재판을 받게 됐어. 총 여섯 번 재판을 받았는데, 조선뿐 아니라 많은 나라에서 관심을 보였지. 조선인 변호사인 안병찬은 무료로 변호를 하겠다고 여순 감옥으로 왔고, 영국, 러시아, 스페인 등의 변호사들도 변호를 자원했지만 일본 측은 이것을 허락하지 않았어. 일본은 이것이 국제적인 사건으로 부각되지 않기를 바랐지.

안중근은 처음 체포되었을 때부터 자신은 의병 참모중장으로서 전쟁에서 적을 죽인 것이지 개인의 자격으로 실행한 것이 아니라고 주장했어. 그리고 재판 내내 자신은 전쟁에서 포로로 붙잡힌 것이므로, 국제법상의 전쟁 포로로 대우해 주기를 요구했지. 그렇지만 일본은 오직 안중근 개인의 행동으로 몰아갔어.

결국 안중근은 사형 선고를 받게 되었고 마지막으로 그를 찾아온 안정근, 안공근 두 동생에게 어머니를 정성껏 모시도록 당부했어. 본인의 시신은 독립이 되기 전까지 고국에 보내지 말고 이토 히로부미를 처단한 하얼빈 공원 부근에 매장해 달라고 유언했지. 일본은 그의 마지막 유언조차 들어주지 않았고, 그가 죽은 뤼순 감옥 근처 공동묘지에 매장해 버렸다고 해.

안중근 휘호

 COMMENTS

나선애 : 맨 처음부터 이토를 죽이려고 한 건 아니군요. 외교 운동도 하고, 애국 계몽 운동도 하고.

용선생 : 그래, 외교 운동이나 애국 계몽 운동으로는 나라의 주권을 지키기 어렵다고 판단해 무력 투쟁으로 방향을 바꾼 거지.

한국사 퀴즈 달인을 찾아라!

01 ★★★☆☆

이 그림 기억나지? 이토 히로부미는 왜 이 조약에 도장을 찍으라고 강요했을까? 왜 이 조약이 그렇게 중요한 걸까?

 ① 대한 제국의 외교권을 일본이 가져가는 겁니다. 이에 따라 대한 제국은 일본의 허락 없이는 다른 나라와 외교 관계를 맺지 못하게 되었죠.

 ② 일본이 파견하는 '통감'이라는 관리가 조선의 나랏일을 알아서 한다는 내용도 있어요.

 ③ 고종은 이 조약에 따라 강제로 황제 자리에서 물러나게 돼요.

 ④ 이 조약에 찬성한 이완용, 이지용, 박제순, 이근택, 권중현 등을 가리켜 '을사오적'이라고 부른대요.

 음, 한 아이의 말은 약~간 딴소리인 것 같아. 그 아이의 번호는 바로 (   )!

03 ★★★★★

나선애가 수업 시간에 배운 내용을 공책에 정리하고 있어. 빈칸에 들어갈 내용으로 옳지 않은 것은 무엇일까? (   )

애국계몽운동

– 국민들의 실력을 길러 독립을 이룩하자는 운동.

– '자강 운동'이라고도 부름.

– _____

---

① 신문을 발행해 일본의 침략 행위를 비판하고 의병들의 전투 상황을 알림.

② 만주에 독립운동 기지를 건설하고 독립군을 양성함.

③ 국민들이 돈을 모아 일본에게 진 나라의 빚을 모두 갚음.

④ 학교를 설립해 민족 교육을 실시함.

04 ★★★★☆

영심이는 '나라를 지킨 사람들'이라는 주제로 단편 영화의 시나리오를 쓰고 있어. 일단 등장인물을 정리해 봤는데, 역사적 사실과 다른 부분이 있으면 살짝 번호를 말해 줄래? (   )

등장인물

① 안중근: 열혈남아. 하얼빈에서 이토 히로부미를 저격하고, 당당히 체포됨.

② 양기탁: 부드러운 카리스마가 넘침. '국채 보상 운동'을 이끎.

③ 베델: 조선을 사랑하는 영국인. 《대한매일신보》를 통해 조선의 상황을 세계에 알리고자 함.

④ 안창호: 이 시대의 진정한 지식인. 비밀 조직인 '신간회'를 주도해서 만들고, 애국 계몽 운동에 힘씀.

---

02 ★★★☆☆

고종은 을사늑약의 부당함을 널리 알리기 위해 헤이그에서 열린 '이 회의'에 특사들을 보냈어. 세계 평화를 이루는 방법을 의논하기 위해 각국의 대표들이 모인 이 회의의 이름은 뭘까? (   )

① 만국 박람회   ② 국제 평화 회의   ③ 만국 평화 회의   ④ 6자 회담

• 정답은 307쪽에서 확인하세요!

한국사

1800년	순조가 즉위하고 정순 왕후가 수렴청정을 시작하다
1801년	공노비가 해방되다
1811년	홍경래가 평안도에서 난을 일으키다
1818년	정약용이 《목민심서》를 완성하다
1831년	로마 교황청이 조선교구를 설정하고 앵베르를 책임자로 임명하다
1834년	헌종이 왕위에 오르다
1839년	풍양 조씨들이 안동 김씨들을 탄압하기 위해 천주교도들을 체포하다
1849년	철종이 왕위에 오르다
1855년	영국군과 프랑스군이 동해안을 측량하다
1860년	최제우가 동학을 창시하다
1861년	김정호가 《대동여지도》를 만들다
1862년	농민들이 전국에서 들고일어나다(임술 농민 봉기)
1863년	고종이 즉위하고 아버지인 흥선 대원군이 권력을 잡다
1865년	흥선 대원군의 주도로 경복궁을 중건하기 시작하다
1866년	프랑스 군대가 강화도에 쳐들어오다(병인양요)
1867년	흥선 대원군이 사창제를 실시하다
1871년	미국 군대가 강화도에 쳐들어오다(신미양요)
1873년	고종이 직접 통치하기 시작하다
1876년	일본과 조일 수호 조규(강화도 조약)를 맺다
1882년	미국과 조미 수호 통상 조약을 맺다
1884년	급진 개화파들이 권력을 잡기 위해 정변을 일으키다(갑신정변)
1885년	영국이 거문도를 불법으로 점령하다
1886년	신식 교육기관인 육영 공원과 이화 학당이 설립되다
1894년	갑오개혁을 실시하다
1895년	일본 자객들이 왕비 민씨를 죽이다(을미사변)
1896년	고종이 러시아 공사관으로 피신하다 (아관파천)
1897년	고종이 황제의 자리에 올라 나라 이름을 '대한 제국'으로 고치다
1898년	독립 협회의 주도로 만민 공동회가 개최되다
1899년	서대문과 청량리를 오가는 전차가 운행을 시작하다
1900년	서울과 인천을 오가는 철도(경인선)의 선 ㄱ간이 개통되다
1905년	조선이 일본에 외교권을 빼앗기다(을사늑약)
1907년	일본의 강요로 고종이 퇴위당하고 군대가 해산되다
1908년	13도 창의군이 서울 진공 작전을 벌이다
1909년	하얼빈에서 안중근이 이토 히로부미를 저격하다
1910년	대한 제국이 망하고 일본의 통치가 시작되다

1800년

1900년

정약용의 《목민심서》

철종 어진

흥선 대원군

조일 수호 조규 체결 장면

황제 제복을 입은 고종

전차

경복궁 근정전에 걸린 일장기

세계사

1800년		
	1804년	나폴레옹이 프랑스 황제의 자리에 오르다
	1807년	영국에서 노예 무역을 법으로 금지하다
	1815년	나폴레옹이 워털루에서 영국의 웰링턴 장군에게 패배하다
	1822년	포르투갈 황태자가 브라질의 독립을 선언하고 브라질의 황제 자리에 오르다
	1830년	폴란드에서 러시아 제국의 지배에 대항하는 반란이 일어나다
	1840년	청나라와 영국 사이에 아편 전쟁이 벌어지다
	1842년	청나라가 영국과 난징 조약을 맺어 상하이를 비롯한 5개 항을 열고, 홍콩을 빼앗기다
	1848년	파리 시민들이 보통 선거를 요구하는 집회를 열다
	1851년	청나라에서 태평천국 운동이 일어나다
	1858년	미국과 일본이 수호 통상 조약을 맺다
	1860년	영국과 프랑스 군대가 베이징을 점령하다
	1861년	미국에서 노예 제도를 두고 남부와 북부 지역이 전쟁을 벌이다
	1862년	비스마르크가 프로이센 왕국의 수상이 되어 전쟁 준비에 박차를 가하다
	1863년	미국 대통령 링컨이 노예 해방을 선언하다
	1868년	일본에서 메이지 천황과 하급 무사들이 개혁을 추진하다(메이지 유신)
	1869년	지중해와 홍해 사이를 연결하는 수에즈 운하가 개통되다
	1871년	작은 왕국들로 쪼개져 있던 독일이 프로이센 왕국을 중심으로 통일되다
	1874년	일본이 타이완을 침략하다
	1875년	오스만 제국으로부터 독립하기 위해 발칸반도의 여러 민족이 봉기를 일으키다
	1882년	독일 · 오스트리아 · 이탈리아 삼국이 동맹을 맺다
	1884년	베를린에서 서구 열강들이 아프리카를 분할하다(베를린 회의)
	1887년	프랑스가 인도차이나를 식민지로 만들다(프랑스령 인도차이나)
	1894년	청나라와 일본이 조선을 두고 전쟁을 벌이다(청일 전쟁)
	1895년	독일의 물리학자 뢴트겐이 투과력이 강한 전자기파(X-ray)를 발견하다
	1896년	그리스 아테네에서 제1회 올림픽 대회가 개최되다
	1898년	프랑스의 물리학자들인 퀴리 부부가 라듐을 발견하다
	1899년	청나라에서 의화단이 외세를 물리치자는 운동을 벌이다(의화단 운동)
1900년	**1901년**	영국으로부터의 독립을 선언한 호주가 오스트레일리아 연방을 공식적으로 발표하다
	1904년	러시아와 일본이 대한 제국과 만주 땅을 두고 전쟁을 벌이다(러일 전쟁)
	1905년	일본의 가쓰라와 미국의 태프트가 일본의 조선 침략, 미국의 필리핀 점령에 대한 밀약을 맺다
	1910년	멕시코에서 디아스 대통령의 독재에 맞서 시민들이 혁명을 일으키다

베를린 회의를
풍자하는 그림

찾아보기

참고문헌

도록

《국립민속박물관》, 국립민속박물관, 1997

《국립중앙박물관》, 국립중앙박물관, 2000

《국립중앙박물관 100선》, 국립중앙박물관, 2006

《규장각 명품 도록》, 서울대규장각, 2000

《사랑방문화》, 서울역사박물관, 2005

《서울역사박물관》, 서울역사박물관, 2002

《서울의 도요지와 도자기》, 서울역사박물관, 2006

《오구라 컬렉션 한국문화재》, 국립문화재연구소, 2005

《우리네 사람들의 멋과 풍류》, 서울역사박물관, 2006

《조선 목가구 대전》, 호암미술관, 2002

《조선 시대 문방제구》, 국립중앙박물관, 1992

《조선 시대 풍속화》, 국립중앙박물관, 2002

《조선유적유물도감》, 조선유적유물도감편찬위원회, 1988~1996

《조선의 과학문화재》, 서울역사박물관, 2004

《조선의 도자기》, 서울역사박물관, 2009

교과서

초등학교 5학년 2학기 《사회》, 2015

초등학교 5학년 2학기 《사회》, 2019

초등학교 6학년 1학기 《사회》, 2016

초등학교 《사회과부도》, 2019

주진오 외, 《중학교 역사(상)》, 천재교육, 2011

주진오 외, 《중학교 역사(하)》, 천재교육, 2012

주진오 외, 《고등학교 한국사》, 천재교육, 2011

한철호 외, 《고등학교 한국사》, 미래엔컬처그룹, 2011

김종수 외, 《고등학교 한국사》, ㈜금성출판사, 2016

책

강명관, 《조선 풍속사 1》, 푸른역사, 2010

강명관, 《조선 풍속사 2》, 푸른역사, 2010

강명관, 《조선 풍속사 3》, 푸른역사, 2010

강명관, 《책벌레들 조선을 만들다》, 푸른역사, 2007

강준만, 《한국 근대사 산책》 1~5, 인물과사상사, 2007

강준만 외, 《고종 스타벅스에 가다》, 인물과사상사, 2009

규장각 한국학연구원, 《고종시대 공문서 연구》, 태학사, 2009

규장각 한국학연구원, 《조선 국왕의 일생》, 글항아리, 2009

규장각 한국학연구원, 《조선 양반의 일생》, 글항아리, 2009

규장각 한국학연구원, 《조선 여성의 일생》, 글항아리, 2010

김남수 외, 《100년 전의 한국사》, 휴머니스트, 2010

김달수 외, 《역사의 교차로에서》, 책과함께, 2004

김돈, 《뿌리깊은 한국사 샘이 깊은 이야기 4》, 솔, 2014

김은하, 《조선시대 암행어사》, 웅진주니어, 2006

김정동, 《남아있는 역사, 사라지는 건축물》, 대원사, 2001

김준형 외, 《길은 사이에 있다》, 한국방송대학교출판부, 2009

김호, 《조선과학인물열전》, 휴머니스트, 2003

나카네 타카유키 외, 《조선 표상의 문화지》, 소명출판, 2011

노형석, 《모던의 유혹 모던의 눈물》, 생각의나무, 2004

류희경, 《우리 옷 이천 년》, 미술문화, 2008

마리우스 B. 잰슨, 《현대일본을 찾아서 1》, 이산, 2006

마리우스 B. 잰슨, 《현대일본을 찾아서 2》, 이산, 2006

박지향, 《제국주의》, 서울대학교출판부, 2000

박한제 외, 《아틀라스 중국사》, 사계절출판사, 2007

사이토 다카시, 《세계사를 움직이는 다섯 가지 힘》, 뜨인돌, 2009

서미경, 《홍어 장수 문순득, 조선을 깨우다》, 북스토리, 2010

서울대 정치학과 독립신문강독회, 《독립신문 다시 읽기》, 푸른역사, 2004

송우혜, 《못생긴 엄상궁의 천하: 마지막 황태자 1》, 푸른역사, 2010

송우혜, 《황태자의 동경 인질살이: 마지막 황태자 2》, 푸른역사, 2010

시미즈 이시오, 《풍자 만화로 보는 근대 일본》, 소명출판, 2011

아틀라스 한국사 편찬위원회, 《아틀라스 한국사》, 사계절출판사, 2004

야스카와 주노스케, 《후쿠자와 유키치의 아시아 침략사상을 묻는다》, 역사비평사, 2011

역사교육연대회의, 《뉴라이트 위험한 교과서, 바로 읽기》, 서해문집, 2009

역사비평 편집위원회, 《논쟁으로 읽는 한국사 1》, 역사비평사, 2009

역사비평 편집위원회, 《논쟁으로 읽는 한국사 2》, 역사비평사, 2009

역사비평 편집위원회, 《역사용어 바로쓰기》, 역사비평사, 2006

역사신문편찬위원회, 《역사신문 3》, 사계절출판사, 1996

염정섭, 《아 그렇구나 우리 역사 9》, 여유당, 2006

유모토 고이치, 《일본 근대의 풍경》, 그린비, 2004

이장희 외, 《1910년 한일병합조약의 역사적·국제법적 재조명》, 아시아사회과학연구원, 2011

이태진, 《동경대생들에게 들려준 한국사》, 태학사, 2005

이태진, 《조약으로 본 한국 병합》, 동북아역사재단, 2011

이태진 외, 《고종황제 역사 청문회》, 푸른역사, 2005

이태진 외, 《이토 히로부미, 안중근을 쏘다》, 아이웰콘텐츠, 2009

이한, 《조선기담》, 청아출판사, 2007

일본사학회, 《아틀라스 일본사》, 청아출판사, 2007

임기환 외, 《현장 검증 우리 역사》, 서해문집, 2010

임용한, 《난세에 길을 찾다》, 시공사, 2009

전국역사교사모임 외, 《마주 보는 한일사 2》, 사계절출판사, 2006

정숭교, 《미래를 여는 한국의 역사 4》, 웅진지식하우스, 2011

조경달, 《이단의 민중반란》, 역사비평사, 2008

지오브리 파커, 《아틀라스 세계사》, 사계절출판사, 2004

최형철, 《박물관 속의 한국사》, 휴머니스트, 2007

카터 J. 에커트, 《제국의 후예》, 푸른역사, 2008

한국고문서학회, 《조선시대 생활사 1》, 역사비평사, 1996

한국고문서학회, 《조선시대 생활사 2》, 역사비평사, 2001

한국고문서학회, 《조선시대 생활사 3》, 역사비평사, 2006

한국사연구회, 《새로운 한국사 길잡이 上》, 지식산업사, 2008

한국사특강편찬위원회, 《한국사특강》, 서울대학교출판부, 2008

한국생활사박물관 편찬위원회, 《한국생활사박물관》 10~11, 사계절출판사, 2004

한국역사연구회, 《조선시대 사람들은 어떻게 살았을까》 1·2, 청년사, 2005

한국역사연구회, 《조선은 지방을 어떻게 지배했는가》, 아카넷, 2003

한국의상협회 편집부, 《500년 조선왕조 복식》, 미술문화, 2003

한영우, 《다시 찾는 우리역사 2》, 경세원, 2008

한일관계사연구논집 편찬위원회, 《왜구·위사 문제와 한일관계》, 경인문화사, 2005

한중일3국공동역사편찬위원회, 《미래를 여는 역사 - 한중일이 함께 만든 동아시아 3국의 근현대사》, 한겨레출판, 2005

현광호, 《고종은 외세에 어떻게 대응했는가》, 신서원, 2011

사진 제공

정답

1교시

01 세도
02 ③
03 ④
04 ②
05 귀한 신분이나 천한 신분이 따로 없고,
사람은 모두 평등하다고 했기 때문

2교시

01 ③
02 ④
03 ④
04 ① 병인양요
② 신미양요
05 ① 강화도
② 척화비

3교시

01 ③ - ④ - ① - ②
02 ④
03 ④
04 ③

4교시

01 전봉준
02 ③
03 ②
04 ②
05 ③ - ④ - ⑤ - ① - ②

5교시

01 삼국 간섭
02 을미
03 ⑤
04 ①
05 ②

6교시

01 ④
02 ②
03 광혜원 / 이화 학당 / 배재 학당 / 원각사
04 서재필 / 주시경 / 신채호

7교시

01 ③
02 ③
03 ②
04 ④

용선생의 시끌벅적 한국사 ⑧ 근대화를 향한 첫걸음을 내딛다

저자 현장 강의 전면 개정판(양장판) 1쇄 발행 2023년 5월 2일

글 금현진, 김진 | 그림 이우일
정보글 정진숙 | 지도 박소영, 조고은 | 기획 세계로
검토 및 추천 전국초등사회교과모임
자문 및 감수 이상찬
어린이사업본부 이승필
편집 정윤희, 김형겸, 오영인
마케팅본부 최민규, 조수환
경영지원본부 나연희, 주광근, 오민정, 정민희, 김수아, 장재민
디자인 가필드
조판 디자인 구진희, 최한나
사진 북앤포토, 포토마토

펴낸이 윤철호
펴낸곳 (주)사회평론
전화 02-326-1182
팩스 02-326-1626
주소 03993 서울시 마포구 월드컵북로6길 56 사평빌딩
용선생 클래스 yongclass.com
용선생 카페 cafe.naver.com/yongyong
출판등록 1993년 10월 6일 제 10-876호

ⓒ 사회평론, 2016

ISBN 979-11-6273-273-1 63900

종이에 손을 베지 않도록 주의하세요.
책 모서리에 다칠 수 있으니 책을 던지지 마세요.

이 책을 읽고 추천해 주신 선생님들

강관섭 안산디자인문화고등학교　강성기 월랑초등학교　강수미 서울홍일초등학교　강진영 백록초등학교

고정숙 애월초등학교 더럭분교장　고혜숙 신영초등학교　고환수 한려초등학교　곽병현 표선초등학교

국현숙 영서초등학교　권순구 용황초등학교　권영성 매곡초등학교　권용수 복주초등학교

김경아 아화초등학교　김경태 죽전초등학교　김대운 신광중학교　김도한 화성금곡초등학교

김량현 아양초등학교　김미송 성산초등학교　김미은 월포초등학교　김봉수 기산초등학교

김상옥 인계초등학교　김선영 화명초등학교　김선화 연수초등학교　김설화 제일고등학교

김영주 수완중학교　김영희 용황초등학교　김옥진 양천초등학교　김용현 남원산내초등학교

김우현 한산초등학교　김은희 광주동산초등학교　김재훈 동량초등학교　김정현 서울수송초등학교

김종관 광주동산초등학교　김종훈 우만초등학교　김주섭 옹남초등학교　김진호 경일관광경영고등학교

김현수 이리부송초등학교　김현애 영림초등학교　남궁윤 평창초등학교　박상명 백산초등학교

박상철 광주동산초등학교　박성현 상일초등학교　박순정 서울남사초등학교　박옥주 충주삼원초등학교

박정용 반곡초등학교　박종영 광주봉주초등학교　배영진 무주적상초등학교　배옥영 서울정심초등학교

백승춘 남신초등학교　서단 가포초등학교　서윤영 황곡초등학교　성주연 대구불로초등학교

손유라 교동초등학교　손흥호 대구비봉초등학교　송준언 서울봉은초등학교　신대광 원일중학교

신민경 함덕초등학교 선인분교　신은희 서울개웅초등학교　양은희 서울문교초등학교　양창훈 가락초등학교

양해준 호반초등학교　양혜경 복주초등학교　양혜경 서울탑동초등학교　위재호 서울수송초등학교

윤경숙 새금초등학교　윤일영 서울수송초등학교　이건진 서광초등학교　이기남 본촌초등학교

이수미 운동초등학교　이연민 황곡초등학교　이유리 황곡초등학교　이정욱 대구남산초등학교

이종호 순천도사초등학교　이준혁 안계초등학교　이지영 서울우이초등학교　이충호 가락초등학교장

이혜성 금부초등학교　이훈재 서울봉은초등학교　전영옥 군자중학교　정민영 대운초등학교

정의진 여수여자중학교　조성래 진안초등학교　조성실 치악초등학교　조윤정 서울수송초등학교

진성범 용수초등학교　진유미 원봉초등학교　진현 황곡초등학교　최보람 연수초등학교

최수형 운산초등학교　최재혁 남수원초등학교　하은경 대반초등학교　하혜정 춘천농공고등학교

허승권 비봉고능학교　홍경남 서울수송초등학교　홍지혜 자여초등학교　홍효정 대구동부초등학교

황승길 안성초등학교　황은주 검바위초등학교　황철형 백동초등학교